APRESENTAÇÃO

CAPÍTULO 1

O gráfico da família moderna

CAPÍTULO 2

Família Cristã, e ministros evangélicos

CAPÍTULO 3

Crescimento de um ministro

CONCLUSÃO

APRESENTAÇÃO

Nos séculos atuais chamados hoje e amanhã, vemos florescer uma nova forma de lidar com a família, em seus aspectos e cotidiano, vemos a família tradicional se transformar com a tecnologia e avanços da ciência do ser humano, que trouxeram consequências positivas e negativas a família chamada moderna.

Fatos do passado que marcaram a história da humanidade, que trouxeram decisões a sobrevivência da prole hoje são notados , mais uma vez vemos a família se modificar pela sobrevivência dos seus , com a modernidade, a urbanização, favelização, tecnologia .

Bíblia , carta aos Efésios 6– 1 Filhos, obedecei a vossos pais no Senhor, pois isto é justo.

2 Honra a teu pai e a tua mãe (que é o primeiro mandamento com promessa),

3 para que te vá bem, e sejas de longa vida sobre a terra.

CAPÍTULO 1

(o gráfico da família moderna)

A família é algo precioso , tudo tem evoluído com o passar dos tempos a tecnologia tem evoluído gradativamente, com o aumento da ciência muitas coisas novas são descobertas . Com tudo mudando a família também está acompanhando essas mudanças que trazem boas ou más consequências a todos nós , por que vemos o lado bom da tecnologia e da digitalização de tudo , mas pouco se fala das consequências de algumas dessas mudanças .

A família tradicional sempre foi de forma a priorizar a união entre seus membros, bom antigamente não se falava em tantos jogos, smartphones e celulares que tiram as pessoas de seus convívios que antigamente eram preservados pela família antiga .

Mas até onde chegamos bom o velho ditado diz "Que tudo de mais é sobra " por quê tudo que é usado em excesso tem causado problemas prejudiciais à saúde e a família.

Nosso hobby mudou , antes os jovens e crianças brincavam com brinquedos feitos à mão que não eram prejudiciais por que não levavam a outros tipos de informação, a Internet trouxe muita coisa boa mas ao mesmo tempo trouxe ao jovem um conhecimento que ele não estava pronto para conhecer, como jogos que levam a morte , jogos que ensinam a matar , até a produzir artefatos com suas próprias mãos.

O avanço da tecnologia trouxe o aprimoramento dos médicos , engenheiros, advogados e todo tipo de especialização isso é muito bom , mas pouco tratamos das consequências de nossos jovens terem acesso à informações indesejáveis.

O pai de família sempre teve a função de sustentar a casa enquanto a mãe orienta os filhos, mas com as

novas mudanças as mães têm saído de casa para
trabalhar e deixado seus filhos a outros, com a
companhia de um smartphone contendo todo tipo de
Informação, boa ruim, os jovens estão sendo criados
pela tecnologia e muitos pais tem concordado com isso
pois muitos deles passam o dia no trabalho há também
o abandono afetivo onde os pais deixaram seus filhos
pelo trabalho com a desculpa de trabalho melhor,
melhores condições, mas mães estão perdendo a
infância de seus filhos mas o que é mais triste é que o
babá acaba sendo o smartphone ou jogos que trazem à
violência.

Todo jovem e criança precisa de acompanhamento no
seu desenvolvimento , por que deve ser orientado pois
estará numa fase de descobertas e muitas ofertas e
dúvidas passam pela mente de nossos jovens, a
consequência do abandono afetivo é que cada vez mais
jovens têm sido pais prematuros , entrando nas drogas
e vícios que a alguns anos não se encontrava.

Antigamente o relacionamento não era tão simples e tão comum , ouve um tempo que para se namorar precisava-se do acompanhamento dos pais durante o namoro e até mesmo um guarda que cuida-se do casal e vigiava tudo .

naquele tempo não se tinha tantos problemas com gravidez precoce às famílias não tinha tantos problemas com filhos separados e pais divorciados , mas em que erramos o que mudou o tempo passou e as pessoas começam a viver da forma que querem sem regras sem limites e isso tem sido a causa de muitos males .

Há doenças que surgiram nessa época como o mal da depressão , com tantos meios de comunicações perderam o contato corpo a corpo preferem mandar uma mensagem ao dar um abraço , a proximidade entre as pessoas está se perdendo estão próximos do smartphone mas longe do calor e do afeto humano, nada substitui o calor humano , por isso muitas pessoas têm se isolado , estão só ao mesmo tempo em que se vê tudo à distância , estamos morrendo com nossos caprichos.

À também doenças como tumores causados Por muito uso de aparelhos eletromagnéticos, aparelhos que possuem radiação mesmo que sejam mínimas, mas o muito uso pode causar seus danos .

A família tem sua história pois se o ser humano não se

agrupa-se não teriam sobrevivido, mas estamos nos distanciando com muitas coisas novas que criamos para distração, o bom e velho diálogo em família está perdendo o lugar para as redes sociais, quando tive pela primeira vez um e-mail em rede social achei incrível , dava para ter muitos amigos mas logo percebi que o afeto e carinho humano estava longe e por mais legal que fosse a amizade não poderia jamais abraçar essa pessoa ou cumprimenta-lá.

Abandonamos pessoas tão perto e acolhemos de tão longe pessoas que nunca encontramos e abandonamos as próximas trocamos os abraços pelas curtidas trocamos as visualizações pelo afeto de uma pessoa , o número de pessoas com depressão tem crescido e tem sido alarmantes , mas por quê? Tudo não está melhor? Nada substitui o afeto o amor fraternal por mais poderosa que for a tecnologia ela não transmite amor como um ser humano pode transmitir, a família não está evoluindo infelizmente está regredindo a tecnologia avança mas infelizmente a família tem se deteriorado cada vez mais .

Mas como nos adaptar a essas mudanças o que fazer ? Bom a tempo para tudo o principal segredo é que o tempo não está sendo respeitado bom tem a hora certa pra uma criança ter um celular ou acessos livres a internet , isso é um erro que tem destruído a infância de nossas crianças pois a informações perigosas que jamais deveria chegar ao conhecimento de crianças e adolescentes.

O tempo deve ser o primeiro a ser respeitado , não se forma família da noite pro dia e quando isso acontece rápido demais geram-se consequências indesejadas . No Brasil são quase 170 milhões de smartphones em uso quase 89% usam aplicativos , o uso excessivo do aparelho é tratado como doença e se chama nomofobia , que vem da expressão em inglês no-mobile , que quer dizer sem celular, a casos de vicio como se fosse de drogas , e é tratado como doença . De acordo com uma empresa norte-americana de serviços de internet 280 milhões de pessoas no mundo são viciadas em tecnologia, a estudo que o celular estimula áreas do cérebro responsáveis pelos mecanismos de recompensa, na região chamada de centro de prazer que geram neurotransmissores como a dopamina a mesma substância produzida quando um viciado consome drogas.

À ambulatórios que tratam como na universidade federal do Rio de Janeiro .

A família desde os tempos pré-históricos tempos antigos e remotos sobreviveram a desastres e pragas doenças , lutou contra grandes animais , resistiram contra frio e calor excessivo, a família sobreviveu a muitas coisas mas agora nossos piores inimigos somos nós mesmos a raça humana que assola toda a terra com desmatamento e guerras por território e riquezas naturais, matando milhares de inocentes, por todo o mundo , o conforto e a comodidade trouxe a nós uma alto confiança que nos têm prejudicado mas como reverter esse quadro a tecnologia nos trouxe tanto avanço mas como lidar com isso , a vários tipos de famílias pelo mundo como a família dos nômades, que nunca estão no mesmo lugar e sempre estão andando sobrevivendo da pesca ou caça, eles são típicos de determinadas regiões do planeta, mas a também às famílias indígenas , que moram em suas tribos também isoladas, sem medicamentos sem internet , entretanto sobrevivem muito bem .

Nossa família tem sofrido mudanças enfrentado problemas causados por nós mesmos o ser humano, a dificuldade das famílias carentes que moram nas periferias e favelas das grandes cidades.

Tudo tem influenciado para a mudança da família , avós começaram a assumir netos como filhos e parentes a cuidar de seus sobrinhos e parentescos , tudo pelo trabalho e muito por abandono, a terra está em constante mudança e não devemos seguir o curso deste mundo por que nossa família não é simplesmente tradicional mas sim original onde lutamos para que o pai e a mãe crie seus filhos juntos, como uma família, todos temos direitos mas também temos deveres, toda sociedade tem um âmbito socioeconômico que onde uma família de classe baixa não pode se encaixar ou enquadrar .

Muitos são os riscos de nossos jovens , com esse fácil acesso a tudo as chamadas doenças sexualmente transmissível tem se espalhado por todo canto, a juventude encontra na facilidade de um relacionamento o abismo para uma vida de pais solteiros e muitos doentes , principalmente o acesso a drogas que fazem parte até mesmo das menores festas, com isso a grande estrago no futuro de nossa juventude atual.

A família e a infidelidade conjugal, falar de família não é fácil, mas como entender uma família quando sofre com a infidelidade conjugal, os pais se separaram e filhos ficam divididos, a traumas que vem para os filhos , e cicatrizes que duram muito tempo , nem todos estão preparados para uma divisão na família , principalmente os filhos , por que infidelidade gera divórcio, uma família não foi feita para ficar dividida , a união e a maior identidade da família, devemos preservar nosso casamento no afã de não destruir a infância de filhos e netos , imagina uma criança que vê seus colegas com pais unidos e os seus bruscamente separados e divididos, a meios criados para amenizar os traumas mas nada supre a falta de uma afeto um abraço , a presença paterna e materna, na natureza a animais que dependem exclusivamente de seus progenitores sejam pássaros ou mamíferos.

Não fomos criados para crescer longe de nossos pais , pagar pensão não ameniza a perda da companhia materna ou paterna, família e união e amor família e formada no sentido de cuidar um do outro e proteger um ao outro , não existe família dividida.

A família e a perda , como uma família reage a perdas , isso não é fácil para ninguém, mas toda boa família deve resistir junto , pois se trata de cuidar um do outro , a dor da perda trás novos líderes na família pois sempre alguém deverá tomar as rédeas da família .

A perda abre um buraco sabemos disso , mas também sabemos que uma família sempre está em crescimento, toda boa família sabe superar uma fase por mais difícil que seja , esse é o segredo de vivermos em grupo, superar as dificuldades juntos por que unidos somos mais fortes.

Temos duas coisas do tempo antigo que nos dizem muito sobre a mudança do ser humano, nos séculos passados já avia carta de divórcio, todos já conhecemos , mas avia também carta de repudio onde um homem podia repudiar sua mulher caso achasse nela defeitos, essa fase é também vista nos períodos bíblicos, e é encontrado nas sagradas escrituras.

A carta de repudio colocava uma mulher completamente de canto e seus direitos são privados ficando à mercê das ordens de um homem tendo-se sido repudiada deveria ficar isolada .

Nossas leis foram mudando e nossas mulheres estão ganhando direitos , mas o mundo ainda está acostumado com as leis que foram postas pelo homem no passado, lembre-se da escravidão quando foi abolida mesmo Assim muitas pessoas continuam escravas sendo maltratados , o mundo já tinha acostumado tanto que infelizmente até nos dias atuais ainda descobrem casos de escravidão ou exploração, nosso tempo diz muito sobre nós uns acusam o nosso tempo de estar errado , é chamado de tempo da liberdade , por que nunca se falava de tantas coisas com a liberdade de hoje , nossas roupas estão exageradas, a vinte anos atrás nenhuma mulher poderia sair com roupas tão curtas e pequenas , a mulher tem ganhado liberdade, nunca se ouve tantas oportunidades de emprego como a nos dias de hoje, a mulher tem ganhado espaço, nas faculdades e nas grandes empresas, estamos mudando mais uma vez , a mulher sempre foi privada de muitas coisas , a mulher sempre teve grandes limites impostos por nós homens mas isso tem mudado, mas o problema é que nem todo homem está preparado a dividir uma vaga na empresa com uma mulher , nem todo homem está aceitando que uma mulher domine no transito com ele, o homem , nota a evolução da mulher mas às vezes tem medo de evoluir e fica parado no tempo mas , isso para nós homens não deveria ser motivo de medo ou dúvidas , devemos entender que uma mulher também pode pagar as contas do mês , também pode pagar o Restalrante, também pode dirigir nosso carro pra casa , a formas de agir marxista ou compreender e deixar a mulher te ajudar a cuidar da casa e dos filhos, desde que os dois se respeitem , mas afinal a mulher tem tomado o lugar do homem ou simplesmente assumido um lugar que já era de direito, bom acredito que Deus fez a mulher com atributos e dons como nós homens e são fieis adjutoras , auxiliadoras .

Todo presidente tem ou teve sua primeira dama , nada na terra e por méritos próprios quando somos unidos homem e mulher, chegamos longe e somos abençoados.

Já imaginou você o que seria fazer algo por fazer , ter apenas por ter , bom isso não faria nenhum sentido, devemos nos unir e compartilhar nossas culturas e aprender com o próximo.

Quando a mulher ganha experiência e compartilha seu conhecimento tudo o que está a sua volta torna-se melhor esse é o lado bom o problema com o homem é o egoísmo, quando sabe quer vender o que sabe enquanto a mulher compartilha o que sabe e ganha em troca mais sabedoria , por que o homem tem a dificuldade em transmitir suas informações, tem medo de assumir que precisa de ajuda , sente-se ameaçado por não dominar sertos temas , mas note uma mulher com duvida ela sempre busca uma forma de resolver .

Mas se tiver alguma dúvida a respeito olhe a frequência das mulheres nas faculdades , em todo tipo de curso em todas faculdades , a frequência da mulher é muito grande, Enquanto isso muitos homens não se importa com os estudos, na política notamos que a mulher tem tomado conta de boa parte e isso cada dia mais tem feito parte da política note que antigamente em algumas eleições uma mulher não tinha nem direito de votar imagina de assumir um cargo público na política no governo, então como o homem tem de lidar com isso , o ser humano tem entrado numa nova fase e podemos aproveitar ou simplesmente perder tudo o que a de bom em compartilha nossos conhecimentos e unidos tornar o lugar que moramos e vivemos um lugar melhor .

Hoje em dia muitas decisões na nossa nação tem passado pela aprovação da mulher e muitas novas ações virão , imagina você a mulher sair da cozinha deixar os filhos e abraçar um liderado , bom sabemos que a mulher sempre foi limitada em questão de trabalho a ainda homem que diz que lugar de mulher e na cozinha, ledo engano , bom nas religiões pelo mundo temos notado o quanto a mulher tem crescido era muito difícil ouvir falar em mulher fora da cozinha , bom tudo e proveitoso e tudo tem um bom senso quando as coisas trabalham nos limites certos tudo vai bem , o primeiro limite pra isso é o respeito mútuo por que ele preserva as relações entre companheiros , mas como cruzar os instintos de uma mulher com as leis de um homem bom respeito e a chave , a casais que ambos trabalham e ambos são profissionais mas já vi maridos abrir mão machismo e cuidar dos filhos e da casa enquanto a mulher trabalha e isso é já um dever de todo homem pai de família , o problema é que estamos acostumados a deixar pra mulher toda essa carga .

Isso é fato mas tudo e posto à prova quando a família passa por uma perda, como vemos nos dias atuais a família tem mudado infelizmente algumas dessas mudanças não tem sido boas , tudo tem seu tempo as pessoas estão vendo as dificuldades e não estão deixando a responsabilidade só para um membro da família mas com todos no trabalho os sentimentos ficaram de lado a intimidade e o afeto ficaram em segundo plano porque, com muito trabalho não a mais espaço para conviverem, a tempos atrás não era assim, todos trabalhavam na roça mas a família tinha seu tempo , vemos o comportamento de famílias que vivem fora da sociedade , como povos indígenas ou famílias que moram em zona rural , nesse caso notamos que as famílias que vivem longe da sociedade tem mais proximidade pois filhos pescam país caçam ou trabalham na roça com seus pais .

Mas seja como for a família deve ser preservada , a quem acredita que casamento não é bom , mas pior que isso são as consequências de um relacionamento sem Deus , pois nunca a culpa enquanto não a gravidez prematura .

As marcas deixadas numa família pelo passado não podem e não devem ser a regra da família , problemas não são regras , superar o um passado é fundamental por quê o perdão deve fazer parte da família .

A todo tipo de relacionamentos , mas a fidelidade é única para todos , porque os que querem respeito devem planta-lo para ser colhido ao longo à frente .

O amor ao próximo deve fazer parte da nossa vida hoje e sempre , por isso na vida não importa se você mostrou ao mundo suas riquezas mas o mais sábio e ter a Deus em sua vida .

A distração na família e também uma causa de grandes problemas .

O preconceito e uma escolha de pessoas que não aceitam a mulher moderna como profissional de trabalho, muitos atribuem a mulher a simplesmente prostituição ou atribuem a mulher profissional de forma banal tendo que ocupar condições de humilhações no trabalho.

Mas em nossos tempos temos leis que , protegem os direitos trabalhistas das mulheres, a quem diga que doméstica seja a única profissão da mulher ledo engano, antigamente a mulher não tinha todos direitos trabalhistas até hoje a lugares que a mulher tem menor salário, recebem menos pelo mesmo trabalho, já vi história de mulheres que tinha cargo em empresas e por lidar com gerenciamento , sofreu preconceito por parte dos homens tendo sido demitida , mas ainda a empresas que abrem as portas a mulheres e pagam todos os seus direitos .

Mas não são só esses preconceitos que a família passa , também os filhos quando sofrem bullying na escola ou na rua , em ambas as partes todos saem machucados a ainda muitas crianças com trauma e não saem de casa por conta do preconceito por deficiência física ou cor e gênero.

À muito a melhorar mas temos crescido , sabemos que nosso país tem marcas de um passado cheio de preconceito com por exemplo naquele tempo em que o Brasil era colônia e dependiam de escravos , e justamente os negros e indígenas sofreram com isso , tendo abolido à escravatura muitos ainda continuaram a explorar as pessoas, a família também luta contra a exploração sexual , desde a infância muitas pessoas foram exploraras nas estradas e ruas becos e vielas de nosso país , a muitas mudanças que tem combatido esse tipo de crime , mas o primeiro a combater esse crime não é a polícia mas sim a família, sim por quê vem da família é maior parte das crianças que sofrem com a exploração sexual , parentes cuidadores usando inocência de uma criança para adquirir dinheiro fácil .

À igualdade de gênero homem e mulher , é uma luta que tem sido travada no esporte , no trabalho na religião .

Mas sabemos que Deus nos Criou macho e fêmea , homem e mulher , e daí a família marido e mulher , . todos somos iguais aos olhos de Deus , todos na família temos uma função, eu sou daqueles que defendem a virgindade e aconselho a desfrutar da relação sexual só após o casamento, tenho pessoas na família que se guardaram até o casamento e hoje estão muito felizes.

À virgindade não é um tabu mas é uma chave para o seu corpo que não deve ser entregue à qualquer um , pouco se fala em preservação mas muito se fala sobre as consequências de quem não se preserva , tantos casos de aborto poderiam ser evitados , tantos casos de homicídio poderiam se impedidos , simplesmente por preservar a virgindade a pureza pessoal.

muitas histórias de pessoas que se arrependeram de terem perdido sua virgindade sedo demais, mas esse é um dever da família protetor e ensinar se a família perder a função de orientar tudo está perdido não adiantaria chamar os médicos as autoridades, se a família não cumpre seu papel em orientar seus filhos e

netos , já vil o ditado "educação vem de berço " ou
"me diga com quem tu andas que te digo quem tu és "
então pense nisso como uma ferramenta, a chave que
impede muitos crimes não está nas mãos do poder
público mas sim nas mãos da família, sim se preservar
a família centenas de milhares de crimes seriam
impedidos, o poder público está apenas para corrigir
crimes que já são cometidos mas a família está para
prevenir crimes que nunca existiram, tudo isso apenas
com um bom diálogo entre pais e filhos, e boa conduta
de seus pais independente de quem sejam na sociedade
atual. O ser humano em geral sempre gostou de festa ,
mas a tipos de festa que são comemoradas pela família
como o aniversário que é justamente a família e
amigos comemorando o aniversário de um membro
seu , o aniversário é uma festa to tipo família assim
como o casamento que marca o começo de uma nova
família ou da união de outra a também outras como
chá de bebê , chá de Cozinha , entre outros chás , Á
também festa de debutante que marca o início de uma
juventude a famosa festa dos quinze , assim como as
bodas de um casamento a muitas festa que são ligadas
a família , mas meu principal motivo é falar sobre
festas que destroem a família e atrapalham casamentos
e trazem sobre si um histórico de tragédias , como
baladas e festas que trazem atrás do sentido outras
intenções como o uso de drogas o incentivo à
criminalidade , a tanto problemas causados na família
justamente por festa , mas esse não é motivo para
pararmos de comemorar nossas vitórias , mas sim de
ter consciência de onde e quando levar nossa família a
uma festa .

Todos os dias temos notícias de acidentes trânsito ,
domésticos etc .

Mas muito pode ser evitado se prevenir a família e
seus membros , muitos acidentes não começam no
trânsito mas sim numa simples atitude familiar .

Dizem que tudo passa , mas nem tudo a traumas que
levam anos para serem esquecidos as pessoas que
nunca foram as mesmas depois de sofrerem acidente ,
a pequenas palestras que podem ser chatas antes de um
passeio com a família mas que podem livra-lá de um
acidente, como cobrar o uso do sinto de segurança , na
vida a dois sinto o primeiro e o sinto de segurança o
segundo e o sinto muito aconteceu.
É melhor se prevenir usando sinto do que passar o
resto da vida lamentando.
Não poderia falar em família sem abordar um tema
muito importante , a depressão.

Depreção doença do século

A a depressão tem sido considerada a doença do

século, a depressão sempre existiu mas tem sido considerado nos últimos dias o motivo de um alto número de suicídio de pessoas incluindo jovens adultos,   sintomas como fadiga, anorexia, insónia , dor de cabeça regular, desconforto gástrico, e uma profunda melancolia   dormir muito pouco ou muito mais do que o habitual;diminuição no ritmo e intensidade de tarefas cotidiana;falta de cuidados com a própria higiene falar pouco e lentamente;chorar excessivamente, em alguns casos mesmo sem motivo aparente etc .nós consideramos o nosso cotidiano evoluído com a tecnologia e o avanço da modernidade como uma forma de viver melhor encarando tudo de uma forma melhor com mais conforto com mais praticidade com mais informação com mais acesso à cultura com mais acesso ao empreendimento, mas então qual é a causa do alarmante número de depressão? Nós encaramos a depressão como uma causa financeira?mas acho que não por que pessoas financeiramente estáveis ou até mesmo pessoas muito ricas tem enfrentado problemas catastróficos com chamada de pressão.

Índices de pandemia com alastramento do coronavirus as pessoas estão em isolamento social eles tem feito as pessoas que sofrem com a depressão se manterem ainda mais acuados, a depressão ela pode surgir sem um motivo aparente mas também pode surgir em consequência de um divórcio falência perda de uma pessoa um choque emocional etc.

Existe um conjunto de fatores que podem levar uma pessoa à depressão, alguns deles podem ser evitados. Falta acesso à informação!

quando as pessoas têm mais acesso à informação podem aprender a superar a depressão.

Não podemos apagar os momentos difíceis que você pode ter passado mas podemos te ajudar a entender, havendo dificuldades que você encontra como uma forma da vida, te ensinando a superar a cada dia afinal de contas hoje você está vivo se isso passou é um sinal que você sobreviveu, que tudo que você viveu por pior que foi não foi capaz de derrubar você não foi palio para te fazer parar, único problema que a consequência te trouxe uma tristeza que te levou uma depressão mas isso só aconteceu o que você não soube superar a dor da perda a dificuldade,encarar as coisas de uma forma diferente pode ser o caminho para te ajudar a superar uma depressão,

Eu não quero oferecer a cura da depressão mas eu quero te ensinar a lidar com coisas que você passou que te levaram a depressão às vezes usar que nós passamos como uma forma de crescer , aprendemos e superarmos.

Há pessoas que não conseguem olhar para trás para os problemas que passou e não consegue encarar de uma forma diferente por isso que não consegue superar a depressão mas uma das melhores formas de superar uma depressão e encarar os problemas face-a-face .

quando a depressão é por causa de uma perda ou falência a maioria das pessoas que sofrem com esse problema se culpam a si mesmos como se fossem os únicos culpados por tudo que acontece no mundo e isso é um ledo engano que pode te levar a achar que é o centro de tudo, mas não considero dessa forma é preciso orar por um outro ponto de vista e considerar

que muitas pessoas do seu cotidiano podem fazer parte
da sua vida,pessoas que fazem parte da sua vida que
você não conhece nem faz ideia que conheça mas
sempre estão em sua vida, e são pessoas fundamentais,
como polícia, corpo de bombeiros, médicos e
enfermeiras, padeiro dono do mercado, açougueiro,
carteiro, lixeiro ,carpinteiro, pedreiro, pastor etc.
Muitas pessoas fazem parte da sua vida mas você pode
não enxergar mas esse é o problema.
O problema é que as pessoas não conseguem enxergar
aqueles que fazem parte da sua vida assim que você
veja não é porque uma pessoa é seu familiar só ela fará
parte da sua vida todos esses nomes que eu citei e
ainda outros também fazem parte da sua vida e podem
ser parte fundamental da sua história, uma pessoa com
depressão ela não consegue reconhecerela acha que
está só o tempo todo isso é um dos principais
problemas a depressão não é uma guerra para ser
travada só.
Um dos principais coisas a lidar com depressão é não
se isolar,mas para isso acontecer você precisa
reconhecer as pessoas que fazem parte da tua vida
mesmo que essas pessoas sejam profissionais até
mesmo profissionais da saúde ou de outra área
específica mas de certa forma profissionais ou não
fazem parte da sua vida sem que você perceba.
isso faz toda a diferença por que prova que você não
está só você nunca esteve só nem mesmo quando você
acha que está .
Quando você aprende a lidar com isso você aprende a
receber ajuda do próximo isso é considerável.
há mais pessoas que podem te ajudar a superar uma

depressão do que você imagina mas o problema é o acesso à informação por isso é importante o desabafo um bom diálogo uma boa conversa pode ajudar uma pessoa a superar uma depressão, uma crise emocional, muitos dizem que o mundo dá voltas mas uma pessoa com depressão infelizmente fica parado naquilo que a fez cair.

mas nós não poderemos apagar aquilo que você passou mas poderemos mudar aquilo que você verá daqui adiante,você pode não mudar o passado mas pode mudar o seu futuro é isso que você precisa entender para superar a depressão você pode deixar lá para trás afinal de contas ela não nasceu com você .

o desemprego nos dias atuais têm sido a causa de depressão em pessoas como pais de família ou mães de família chefe de família.

medicamentos antidepressivos são consideráveis no caso do tratamento da depressão mas nós precisamos entender uma coisa se a pessoa que está com depressão não mudar o seu ambiente nada poderá mudar ela continuará depressiva.

a pessoa com depressão ela deve mudar o seu ambiente ,principalmente se for nesse lugar casa ou moradia que essa pessoa enfrentou sua fase difícil ou fase ruim pode ser mesmo seu divórcio falência etc.

um dos principais segredos que pode ajudar uma pessoa a superar a depressão e lembrando seus momentos do passado de alegria e felicidades, suas vitórias e suas conquistas, principalmente entender que não está só.

não ser apenas um medicamento que irá ajudar uma pessoa a superar uma depressão o comportamento da família também influencia muito.

O ser humano é um ser emocional por isso o comportamento de um ser humano um fluence em tudo quando uma pessoa depressiva ela é bem tratada bem considerada quando ela sente que está sendo ouvida tudo se torna diferente,nada melhor do que alguém para te ouvir e te ajudar a superar algumas coisas que muita das vezes você demorou para superar. Ajuda espiritual muitas pessoas encontram na fé o apoio que precisava de aceitam Jesus Cristo o caminho para salvação.

um ponto fundamental é esse que pessoas que tenham depressão preciso encarar uma mudança seu cotidiano precisa mudar urgentemente há pessoas que encontro na fé uma mão para superar uma crise uma depressão.

quase todas as pessoas passam por uma fase de depressão na vida o problema é que algumas dessas pessoas não conseguem superar.

Há muito tempo achava que depressão era uma causa de uma vida com poucos recursos financeiros mas ao observar mos pessoas que trabalham em condições menos afortunados com salário mínimos encontramos pessoas felizes e capazes de realizar qualquer coisa não entendemos que motivos de uma depressão necessariamente não seria financeiro mesmo que ele seja causado por uma crise financeira.

uma das formas de tratamento de uma depressão também ajuda psicológica nada como um bom psicólogo para que ajude você a lidar com essas dificuldades psíquicas.

a vida de uma pessoa depressiva cheia de obstáculos e um dos principais obstáculos de uma pessoa depressiva é o isolamento social,justamente agora no séculos atuais nos vemos chamado século 21 onde a tecnologia e a modernidade as páginas dos jornais toda mídia social quantas vantagens que a tecnologia traz os seus confortos, mas mesmo assim o império da depressão permanece de pé a depressão tem sido conhecido nos dias atuais como a doença do século trazida sobre se as suas consequências.

quando falamos em isolamento social lembramos claramente de uma pandemia vinda sobre mundo causada por uma doença chamada coronavirus.

lembramos que as pessoas com depressão estiveram com maior problema com esse isolamento social trazido sobre o ano de <u>2020</u> onde as pessoas precisavam do isolamento social, uma das maiores marcas de uma pessoa depressiva.

uma das principais ferramentas para superar a depressão é o convívio social manter o convívio social e evitar o isolamento, imagina você preso num quarto cheio de perguntas e sem respostas nenhuma. por isso mais recomendado que você esteja entre as pessoas pessoas de seu convívio social, famílias amigos pessoas do seu trabalho que você tinha um bom convívio.

Uma das coisas que fazem parte dê um projeto para superar a depressão se livrar de amizades tóxicas demais influência ou de negatividade se estiver em sua vida.

Também é preciso mudar o ambiente em que você está vá para o lugar onde transmita mais luz, mas energia positiva, mas comunicação.

Vá à igreja, val jardim, vai ao parque de diversões, vai

um bom cinema etc.

uma das coisas que também é fundamental para uma pessoa superar a depressão e manter as atividades físicas pessoas com depressão tem um problema de não fazer nenhum tipo de atividade física ele se sentir exausta mesmo não tenho praticado nenhum tipo de atividade física.

Por isso pratique atividade física mantenha-se conectado com seus mais próximos esses era força para lhe ajudar a superar qualquer dificuldade que esteja no seu psicológico.

Principais pontos também a lidar com uma pessoa uma delas e ansiedade,controlar ansiedade uma peça fundamental para uma pessoa que gosta de um bom convívio ligar ter uma vida boa uma vida plena,achava-se que ter todo dinheiro do mundo seria a fonte de uma vida feliz mas afinal de contas nem todo o dinheiro compra, a paz e saúde precisa ser priorizada, às vezes o dinheiro pode comprar um tratamento mas não pode comprar a saúde.

Por isso nunca se sacrifique sua saúde por um pouco de dinheiro mais porque depois você não viverá o resto a gastar esse dinheiro, o que é sobrar é fadiga e cansaço.

Os principais segredos de controlar os sentimentos,e a chamada ansiedade ela é uma causa fundamental que pode destruir os sentimentos de uma pessoa até mesmo afetar a saúde física da pessoa saúde mental também,ansiedade tem causado muitos males nos séculos atuais e tem sido uma das fundamentais em problemas com obesidade etc.

sempre se mantém ativo quando estamos em atividade

o nosso cérebro trabalha não dando espaço a
pensamentos negativos, você pode notar que pessoas
hiperativas são de bom humor na maioria das vezes
sempre estão planejando alguma coisa e sempre estão
trabalhando em algum projeto, quer superar a
depressão? Superando a ansiedade e seja participativo,
ativo, priorizando valores recebendo atributos.
muitas pessoas têm se achado depressivas no ambiente
de trabalho por isso se for o motivo de sua depressão
mude o ambiente de trabalho, até mesmo de empresas.
Lembre que para superar depressão você precisará
mudar tudo sua rotina de trabalho, sua rotina de
alimentação, convívio com pessoas negativas, mudar
completamente o ambiente em que você vive.
Quando fala de tirar algumas pessoas da sua vida eu
não estou te ensinando a ser egoísta mas você deve
evitar pessoas que não te trazem positividade, luz ,
otimismo.

Nesse mundo á muitos motivos para , entrar em crise
de depressão, um deles é a Perda .
A dor da perda é terrível, em tudo, porque crescer na
vida demora muito, conquistar objetivos também , em
tudo o crescimento demora muito, mas infelizmente a
perda de tudo pode ser em fração de segundo, tipo uma
transferência bancária a um golpe, quantas pessoas
tem perdido suas economias por acreditar em
estelionatários , isso gera depressão em muitas
pessoas.

Aquele carro que a pessoa dura anos pagando e perde
numa aposta de jogo,
Aquele casamento de muitos anos , acabando num
único minuto numa olhada, tantas coisas eu poderia
falar , mas resumindo crescimento leva muito tempo,
mas perder é fração de segundos.
Esse impacto leva pessoas felizes á entrar em
depressão profunda. Então nesse caso devemos
trabalhar em como superar uma perda seja afetiva ,
moral etc.
Mas como superar uma perda ?
Quando você vê tudo que construiu ir ?
Bom a vida tirou a criação mas não tirou o criador .
O Senhor te ajudará a recomeçar , se você perdeu seu
fruto, mas não perdeu a semente que usou para
começar , continue.

Capítulo 2

(Família cristã, e ministro evangélico)

Todo ministro evangélico tem o desejo de impactar
com suas pregações , no entanto nós fomos criados
para um propósito diferente por que nem sempre a
mensagem que pregarmos será de forma , amável, por
que a palavra pregada corrige exorta, repreende
(Provérbios 18:15) , muitos tem o desejo de impactar
em suas mensagens , mas o principal segredo que
ministros evangélicos não nasceram para impactar,
mas sim pregar a mensagem , genuína e verdadeira
(1cor 2:1-5) A maior preocupação de um ministro não
deve ser com o impacto e sim com a verdade na
mensagem porque por se tratar de uma pregação será
testada , a muitos pregadores que até causarão grande
impacto mas depois que sua mensagem foi posta a
prova decaiu por usar frazes e palavras com
argumentos alegóricos ou simplesmente fábulas sem
sentido , que na hora causaram grande efeito mas que
depois pareceram sem fundamento nenhum na palavra
.

PALESTRA: não é uma pregação evangélica, no cristanismo, pregação é como é conhecida a divulgação de conteudo da biblia Sagrada, embora tenha muitos bons palestrantes , e que muitas igrejas adquirem boas palestras não podemos misturar os conteúdos , por mais boa que seja a palestra ela vai levar diversos assuntos, e a pregação tem um unico sentido a palavra .

PALESTRAS OUVIDAS NAS IGREJAS

PALESTRA MOTIVACIONAL

 algumas trazem base bíblica, a palestra motivacional tem a função de tirar a pessoa do pessimismo ao otimismo , alegrar pessoas depressivas, e incentiva-las a continuar a caminhada, Trazendo exemplos motivacionais , e histórias , como de superação.

PALESTRAS PARA CASAIS

tendem a ajudar a vida conjugal de seus ouvintes , até mesmo aqueles que desejam se casar , ou mesmo os que já são casados a muito tempo trazendo exemplos de superação no casamento, ensinando a lidar com a traição o adultério , tratando problemas como a infidelidade .Mostrando que o amor tudo supera , e a importancia do amor numa relação; podem lidar com um só tema mas alguns podem ter varios temas e muitos assuntos por isso é importante, para casais que estavam a beira do colapso e conseguiram voltar ao primeiro amor , as soluções de problemas que são tratados numa forma dinâmica , interagindo com o pessoal , são tratados dois tipos de problemas , pessoal , e Familiar , no modo geral a diferença desses problemas é simples , problema pessoal geralmente são brigas , e problema familiar geralmente é o desemprego , as dividas , a falta de comida

PALESTRAS PARA JOVEM

O foco é auxiliar os jovens em questões do cotidiano , a se preparar para carreira de trabalho , casamento , sair do mundo das drogas , e a lidar com problemas emocionais , bullings, preconceito racial , indiferença socioeconômica. Temas diversos como gestão financeira , logística , vendas , marketing. Preparando os Jovens , para o mercado de trabalho , ensinando , o valor de ter um , Curso, obtendo a formação , trazendo os Jovens ao saber

PALESTRA PARA PAIS E FILHOS

tras no seu contexto o cuidado familiar , com pais , no convívio familiar, hoje em dia o amor de pais e filhos tem sido Limitado , por que as mães a cada dia tem saido mais sedo para trabalhar , as mães não estão fazendo mais parte do convívio de seus filhos , a escola está ocupando parte da criação mas isso deveria ser feito por pai e mãe, a um problema que tem sido maior a cada dia , mães que perdem a infância de seus filhos por causa do trabalho , esse tipo de palestra fala o quanto é importante para as pessoas , o convívio familiar, e colocar limites em seus filhos .

A DIFERENÇA DA PALESTRA PARA A PREGAÇÃO

(1Coríntios 2:1-5) Todos nós gostamos , muito Mas a diferença de uma pregação é que a palestra trata de temas específicos do ser humano , e a pregação trata do Reino dos céus Salvação de almas , de aceitar Jesus , como salvador da sua alma . A pregação é confundida com palestra por que a pregação também se trata de pessoas , também trás a recuperação , mas nada é maior do que Cristo Jesus . Muitas palestras tem a palavra como principio e muitos palestrantes , levam seus ouvintes a conhecer a palavra . A diferença da pregação é a seguinte

DOGMAS : É uma crença ou doutrina , fazem parte da crença ou convicção , muitos tem os dogmas como regras , de uma determinada Igreja ou Religião , mas são fundamentais para manter a ordem , e preservar , os direitos e deveres de todos.

DOUTRINA : Que significa ensino , a três tipos de

doutrinas na biblia , como são demonstradas abaixo .

DOUTRINA DE DEUS : Em (mt 7.28) Jesus ensinava falando direto do Pai , em nossos dias , nossos pregadores e ministros devem estar inspirados a falar pelo Pai , na doutrina de Jesus quando um ministro está inspirado por Deus , ele não corre risco de cometer erros , heresias , e levar o povo a apostasia. O sucesso de muitos lideres na Bíblia sagrada foi falar inspirados por Jesus Noé , Abraão , moises, Davi, Elias , etc.

DOUTRINA DE HOMENS : Em (cl 2.22) essa doutrina e bastante conhecida pelas pessoas Infelizmente , Muitos se deixaram levar por elas , (2 pd 2.2ao 22) , muitos buscam dinheiro , valores como casa , carros de luxo , e levam pessoas a dar milhões.

DOUTRINAS DE DEMÔNIOS : Em (1 Tm 4.1) São de fonte espirituais , levando pessoas a praticas de sacrifícios de animais , até mesmo de pessoas e crianças Atos de bruxos , feitos malignos e ensinos que levam a pessoas a uma vida de escravas do vicio, prostituição e todo tipo de perversão com formulas e coisas introduzidas na sociedade como mensagem oculta o famoso ocultismo.

MENSAGEM PERIGOSA

Heresias ,apostasia, seitas, falsas doutrinas, que geram
falsos ministros , falsos doutores e falsos profetas ,
Muitas pessoas usam a Bíblia para seus fins , e até
enganando as pessoas , de caráter a favorecer a Carne ,
o corpo a riqueza pessoal, e o luxo aqui na terra, usam
as referências para falar em dinheiro , prosperidade,
Saúde sem fim , e se esquece da vida espiritual,
ensinando as pessoas a viver de maneira fácil , sem
sacrifício , isso é tem ocorrido muito , é preciso parar
,não da pra ter uma vida Santa sem renúncia , sem
deixar o velho Homem a ser nova criatura.
(Romanos:cap2-17/29)

O MINISTRO E O SUCESSO

O sucesso é oposto ao fracasso na vida conheça o
positivo e o negativo ; o motivo é você conheçe só o
sucesso cuidado , por que o sucesso engana , o sucesso
quando vem do mundo trás seus efeitos , todo líder
Cristão nunca deve se basear em sucesso(1samuel
18:7-9) Sucesso faz parte do ser humano na carreira
profissional , cantor , governo, empresário ,professores
etc. Todos desejam fazer sucesso , o sucesso leva a
Informação de um produto ou pessoas a um novo
patamar a um nivel elevado , Davi se tornou conhecido
após vencer o gigante golias , o filisteu de Gate Ou
seja ele fez sucesso teve grande fama , mas o que fazer

quando o sucesso chega quando a fama chega , o que preocupa na vida de um ministro , não é a fama mas sim o que vem com ela , vem novos amigos que não imaginava-se ter , com o sucesso, há poderes que você não tinha , vem a riqueza vem o grande nome , em alguns casos mulheres , a bebida no modo geral é claro. Mas e com o ministro da palavra será que também é assim , bom todos somos sujeitos a tudo também (1cor 6.12) . O que devemos fazer e saber lidar com o sucesso antes de conhece-lo . O segredo é lembrar que o sucesso é um momento de sua vida e que coisas que já fazem parte da sua vida não valerão a troca pela vaidade humana como adultério. (Ez 28.17) fala sobre a queda do querubim ungido.

MINISTRO E A CONSEQUÊNCIA DO FRACASSO

Nós vemos exemplos nas sagradas escrituras, De homens que tiverão sucesso, mas perderam até mesmo Lucifer , por que era anjo de luz , querubim ungido. O sucesso não substitui a vida eterna com Cristo , Não venda sua integridade pelo sucesso , porque o sucesso passa mas a vida eterna não .Pessoas que fizeram sucesso hoje lidam com fracasso , por que ? Afinal ?Por que o único motivo de estar de pé era o sucesso , mas quando o sucesso passou cairam também junto. Qual segredo ? O segredo é que o sucesso não deve ser sua regra de Fé , ele vindo ou não sua integridade deve ser a mesma , você não estará lá por causa do sucesso mas porque muito antes você trabalhou duro por isso Lembre-se de Davi , quando disse ao rei , que vinha o leão e o Urso e lançava-lhe mão da barba e o feria .

O MINISTRO E A SUBMISÃO

(1PEDRO 5:<u>5-7</u>) Bom sede sujeitos uns aos outros , esse é o segredo do sucesso , lembre-se de paulo e barnabé, lembre-se de Elias e Eliseu. Devemos ser submissos uns aos outros , por isso a Pastores , apóstolos bispos, diáconos e cooperadores etc. Muito mais tudo linha de submissão Na vida Todos começamos como alunos Poucos se tornam professores por que ?Porque poucos tem o desejo de simplesmente sentar e ouvir e aprender , o pior problema da desigualdade é a falta de ensino , não só na Igreja á submissão , mas também no trabalho , na empresa a gerente, encarregado , a funções maiores mais elevadas e menos elevadas . Até mesmo a maneira que falamos com as autoridades demonstra submissão.

MINISTRO E A FAMÍLIA

Em (1 timóteo 3:<u>2-10</u>)Todo ministro , tem uma
responsabilidade seja ela , civil, afetiva ou social ;
sobre sua casa , criar seus filhos na sã doutrina
,Ensina-los na palavra a serem fiel ;Na formação de
obreiros na Bíblia é claro , deve ser marido de uma só
mulher , governe bem sua casa , não espancador não
dado a vinho nem cobiçoso de torpe ganância.O
ministro tem o dever de ensinar sua familia , e cuida-la
. Hoje virou moda avó , criar neto , e isso tem trazido
consequências mães sendo abandonadas, o mundo
acha que só pagar pensão , e não dão valor ao ensino o
foco da igreja é cuidar da familia , na biblia a
exemplos noé , e sua família entra na arca, Abrãa
recebe o filho da promessa , tudo esta ligado a família
desde o principio de tudo . O verdadeiro ministro não
deve jamais esquecer da familia e cuida-la faz parte do
ministério

MINISTRO E A VIDA PUBLICA

Todo avião tem uma caixa preta , que anota tudo que
o piloto fala com o copiloto ; Isso também acontece
com o ministro , a esposa é como a caixa preta ,
guarda tudo que você faz e sabe realmente quem você
é ; por isso a importância de viver o que prega , ja
imaginou quantos escândalos vêm a publico , mulheres

que não aguentam mais e acabam abrindo jogo e
revelando ao povo suas vidas intimas .O principal
cuidado de um ministro é cuidar da vida pessoal e
valorizar a família, uma pessoa desconhecida causa
pouco impacto na sociedade , mas imagina você um
ministro com influência , como figura publica , isso é
lamentável ; são cuidados obrigatórios uma vez que se
torna figura publica , tudo que você faz pode tornar-se
alvo , mesmo de criticas , no mercado , lojas ,
trabalhos , trânsito etc. divisão faz parte disso a
pessoas que vão se afastar de você por achar , você
mais , famoso ou não gostar de mídia publica, a
pessoas de modo tradicionais , que não gostam nem de
ouvir falar sobre Fama , pregadores famosos tem esse
problema , eu sempre vejo alguém , criticar , mas não
passa de especulação , porque independente da fama
somos irmãos , somos da mesma ,Igreja , somos do
mesmo povo .

PREGAR A VERDADE

esse é o começo de muitos ministros mas infelizmente
, deixaram a sã doutrina , perderam a coragem de falar
a verdade com medo de perder publico , perder a voz
da midia em geral , medo de desafiar (MC 6:14-29)
mas João batista não teve medo de falar a verdade ,

por causa da pressão das pessoas de nome , (AT 12:1,2)estevão foi apedrejado por ser fiel , e pregar a verdade a sã doutrina. Qual o risco de um ministro? Ao se desviar da verdade perde a direção de DEUS ; ou seja não convém deixar a verdade por um momento de alegria , riqueza , mídia , fama ,sucesso à consequência de sair da direção no momento não se nota , mas as perdas podem ser eternas como a salvação . Nossa vida é dividida em duas etapas: Momentos , salvação Tudo que ti leva para o céu é construindo com o tempo , passar momentos difíceis não significa que você não vá chegar lá , E isso faz parte , vivemos dias difíceis , mas a vida eterna com Jesus aguarda seu povo . Temos chance de trocar uma vida toda por momentos , casamento , dinheiro ,Festas , bebidas , jogos de azar , entretenimento etc. Mas o ministro firmado na palavra nunca se deixará perder porque ele sabe suas consequências finais , mesmo que passe momentos difíceis voltará. Você já notou como um pastor vira noticia quando os somos humanos e temos nossa necessidades , por isso que é fundamental que o ministro descance também com sua família Só não deve esquecer do pudor e modéstia, a pessoas que sente falta dos ministros rígidos mas naquele tempo criticaram muito a conduta rígida , mas e agora não gostão do jeito, chamado moderno mas esse tempo e o de vigilância , não é tempo de parar nunca foi .

MÉTODOS PERSUASIVOS

Ministrar não e sorte é dedicação ao ensino , ministrar não é uma arte é um dom vindo de Jesus , quem prega não fala só aos outros , más também a si , mesmo ; pregador que ouve sua própria mensagem também aprende, O velho ditado "vive o que prega e prega o que vive " Isso também é bíblico o sermão não será só ao publico mas também a você se conhecer como ministro, entender onde pode melhorar. A alguns que usam métodos , na mensagem que traz todo tipo de consequências , boa ou negativa , como falar de vida intima ou usar a mensagem para julgar ou acusar, lembre-se que o inimigo é acusador porque tomar o seu posto , púlpito não é lugar de desabafar, julgamentos precipitados , acusações .Lembre de que as pessoas não terão culpa de certos erros cometidos.

MINISTRO TORNA-SE LIDER

Quando o ministro passa a pastor , e permanece na

igreja local , começa uma nova jornada ; lidar com as mensagens é bom mas lidar com as pessoas face a face no seu gabinete , direto , isso mostrará a voçe se é capas em pouco tempo ministros que iam bem em seus ministérios quando passaram a pastorear , decaíram , por extresse , problemas e cotidiano de uma igreja local ou seja , nem Todos ministros serão os maiores pastores e nem todos pastores serão os melhores ministros, é um erro achar que pregar bonito dará a você a chave de tudo ,nem tudo e na mensagem mas sim na oração terá problemas que você não vai resolver, mas só o dono da Igreja Irá , pois só ele tem todo poder JESUS. Prova disso moisés , a Bíblia diz que moises era pesado de lingua , e arão falava por ele a faraó. (Êx 4:10) moises não era aquele grande locutor mas foi um dos maiores líderes até hoje como libertador do povo Hebreu ;Nós , vivemos num tempo que não é mais remoto, mas sim o tempo da Informação , em minutos sabemos o que se passa , pelo mundo a fora , e toda informação está na palma de nossas mãos , num tablet num smartphone ou numa smart tv , até relógios que possuem múltiplas funções como monitoramento cardiaco etc.A muito mais coisas e isso se multiplica a cada dia , já é possível fazer mapeamento genético , e saber quais doenças você pode ter e tratar ;com isso a modernidade tomou conta de quase tudo . Mas qual será a qualidade dos nossos ministros ? será , que a pregação mudou , com o passar dos tempos ? Se mudou não deveria , porque nós servimos ao mesmo DEUS , de Abraão de Isaque e Jacó , Tudo mudou , o conforto chegou , hoje já não é mais de navio , é de avião não é mais de jumento é de

sedan . Bom DEUS , é o mesmo e não mudou que
possamos ser ministros verdadeiros e não mudar com
o tempo , permanecendo verdadeiros . O ministro e as
questões do mundo (sl 1:1) na Bíblia fica claro a
conduta de um cristão , se referindo ao mundo , por
mais que possamos falar com muitas pessoas não
devemos entrar nas questões do mundo , que
comunhão tem a luz com as trevas ? Nós vemos
muitos Cristãos , se perdendo em questões desse
mundo que são passageiras , muitos usam o nome de
ministros evangélicos , mas qual a nossa posição
mediante a isso ? Nós devemos permanecer na graça e
no conhecimento e na Sabedoria que vem do alto e
fugir de questões loucas ,Contudo unidos, na Fé e no
amor em CRISTO .O homem ser lider não é mandar
em tudo , líder não é o chefão , líder é um
administrador , muitos tem esse problema acha-se no
lugar de mandar em tudo nunca conta com ninguém ,
pessoas tem sofrido , homens tem afundado , por que
são chefões , e deixaram de ser ovelha , isso é um
perigo , por maior que for seu cargo , você sempre será
uma ovelha, se passar disso seu fruto não será bom.

O CRESCIMENTO

Quem são ministros ?quem são os chamados? quem
são os eleitos?Vou começar falando que paulo era
saulo, abraão foi abrão , entre outros nota que DEUS ,

mudou seus nomes , qual o significado ? O significado é que foram transformados. Então entendemos o segredo , você não é ministro se não for transformado , você não é ministro se não for preparado,antes do ministro vem a ovelha .Ministro antes de tudo precisa ser ovelha , suas qualidades de ovelha te torna ministro; Primeiro : ouvir , os maiores líderes da história esperaram , até JESUS teve a data certa pra iniciar seu ministério aqui na terra ,mesmo sendo DEUS esperou o tempo oportuno para começar a fazer sinais , curas e ministrar , ouvir faz parte , DEUS ouve nossas orações para nos abençoar mas você sabe que ele não precisa, mesmo assim para pra ouvir seu povo , e nós quem somos pra não parar e ouvir e aprender ? Segundo:obedecer , ovelha que não obedece vira ministro rebelde , isso é um perigo , você pode ter talento mas se não tiver obediência afundará seu ministério, é lamentável ministro sem pastor . Não estamos acima de tudo devemos prestar obediência o tempo todo. Terceiro: servir , muitos ministros querem ser servidos , quer crescer ? Então servem a pregadores precoce , tem saído a andar e voltado a cair , O problema e querer sair sem ouvir, sair sem obedecer , sair sem servir, é um perigo famílias inteiras tem caido no mundo ;Mas você tem tudo com a obediência , ouvir , servir. O ministro tem que aceitar o crescimento dos seus liderados e que deles sairá alguém mais novo, isso é fundamental, mas á pessoas que não suportam o brilho do próximo , só por não estar lá em seu lugar , nós devemos em todo tempo estar cuidando e preparando novos parceiros , novos ministros, dando valor por que são enviados por Deus.

O MINISTRO E A CULTURA

Diversos países obtêm culturas diversificadas , o brasil é um deles toda cultura brasileira , é muito diferente de norte a sul , leste a oeste , o vocabulário muda , todo ministro tem de estar preparado para a diversidade de culturas , a coisas comuns que falamos que em outro lugar pode ser ofensa , com gestos, cumprimentos , até mesmo simples jeito de falar , qual dica posso ti dar a respeito disso ? Primeiro: tenha convicção de que DEUS te enviou . Segundo: seu idioma não precisa ser o de todos, na verdade minha dica é , Que seu unico idioma deve ser a Bíblia , você deve meditar na palavra .Se você estiver na palavra seja qual for o sotaque que você usar as pessoas vão compreender , no caso de idioma , procure decorar a Bíblia no idioma que você prefere . Muitos ministros se preparam na saudação de outro idioma mas esquece da palavra ; ai fica uma saudação bonita e uma mensagem magra. Meu conselho é tentar decorar a longo tempo não precisa , apavorar mas , leia todos os dias um pouco sempre no mesmo tempo . Mais uma dica é bom fazer uma pequena pesquisa antes, do lugar onde você for . Mas isso é só se voçe tiver com muita duvida , da região .

A GRATIDÃO DE UM MINISTRO

Quais são os principais atributos de um líder, qual a
satisfação de um ministro , missão cumprida ?
Mensagem entregue ?Seja qual for devemos ser gratos
a DEUS , por tudo , porque ele nos leva e traz em
segurança , mas devemos ser fiel até a morte , o
ministro deve estar atento a perseguições , críticas,
calúnias a Inveja, mas em tudo somos mais do que
vencedores .

A HISTÓRIA DA IGREJA

focado em ministros , pregadores então gostaria de
falar sobre alguns que foram martirizados mortos por
não negarem a Fé , bom vamos falar sobre os
Imperadores Romanos que foram um dos piores
exemplos da história da humanidade torturas , calúnias
, prisões , todo tipo de acusação para prender e

perseguir os Cristãos ao longo da história nós vemos fatos assim como racismo , perseguição no modo geral , alguns acham que por estar , no século XXI , nós não vamos ser mal tratados , bom isso deve sim ser de fatos isolados , porque com a midia toda noticia corre muito rapido , bom principalmente quando se fala em oriente médio , entre religiões que é típico matar , homem bomba , carro bomba e as chamadas guerra santa , a diversas áreas no mundo e uma diversidade de religiões e povos , por isso escapamos do homem bomba , mais paramos em lugares Idólatras , como a India , lugares onde não se aceita a religião cristã , Na china a um numero muito grande de Cristãos e cada vez mais , nisso a luta tem aumentado , o governo chinês não apoia os Cristãos derrubando templos e perseguição a lideres , alguns dizem ser defensores de suas religiões e costumes , mas na verdade são verdadeiros vândalos perseguindo Cristãos Inocentes; Nós lembramos da Igreja primitiva e seus mártires , mas não só a Igreja primitiva tem sofrido perseguição, nossa Igreja assim chamada moderna tem sofrido muitas perseguições por todo o mundo basta prestar atenção Cristãos tem sido mortos Adorando , Pregando , Por não negar a Fé , e a Palavra da Verdade números alarmantes , que tem ocorrido pelo mundo , nós aqui no brasil temos a Idéia de estarmos seguros , mas eu te digo que não; Cada vez mais falsos mestres e falsos doutores tem se misturado entre as religiões no brasil . A inúmeras um alarmante nível de pessoas decaindo da verdade e sendo levadas por palavras fáceis que mais parece um gerente de banco , te chamando a investir na bolsa de valores , por que estão deixando de pregar o céu , e estão pregando os bens , não quero criticar mas quero ser sincero , isso e uma verdadeira lavagem cerebral , estão ensinando as pessoas a se acostumar com a terra e o mundo , isso também é perseguição , por que tem levado a morte de milhares de pessoas pelo mundo a fora , nunca devemos nós acostumar com esse mundo mas ter esperança da Salvação que á em Cristo Jesus , por que vemos que o mundo passa , as coisas do mundo também , veja os carros cada vez mais novos surgem enquanto outros ficam ultrapassados , mas a Palavra de DEUS se renova a cada dia , o mundo mente criam novas regras prometendo segurança , mas no fim chega ao mesmo resultado , por estar sem luz , Você pode me perguntar como voçe sabe tanto sobre o mundo ? É simples eu fui resgatado dele , por isso eu sei o que passei e o quanto perdemos no mundo. Talvez o maior medo de um ministro é morrer , mas acho que a maior preocupação de um ministro é em entregar sua mensagem . (Mateus 10:28-33) seu temor deve estar no Senhor , bom (Lucas 12:12) , seja qual for a situação em que você estiver , o Senhor colocará palavras em seu coração .Bom , o pior tipo de perseguição , não é aquela que você vê e sabe que vai morrer , mesmo morrendo voçe preservará na Fé , se for Fiel. A pior perseguição que eu conheço é aquela que sega a pessoa dentro da Igreja dentro do templo ; Você pode morrer sabendo a verdade e será salvo mas muitos estão se perdendo por dar ouvido a falsas doutrinas , isso tira a pessoa da presença sem perceber , acaba matando a pessoa dentro do templo estão com aparência de liberdade vol ti dar um exemplo , lembre que o Rei saul dormia quando Davi cortou a orla do seu manto , isso é o que acontece tinha exercito , tinha escudo , tinha espada e tinha lança tinha tudo mas estava dormindo . Isso tem acontecido nos dias atuais , eles acham que tem tudo mas estão dormindo numa Religião mudada , falsa , qual sua colocação? A minha é veridica , faltou algo no exército do rei saul , um sentinela , um vigia que ficava acordado enquanto o exército dormia ,Nos nossos dias também é assim e você é um ministro alguém que está acordado e que avisa quem vem e quem vai . O ministro deve estar sempre atualizado , na palavra lendo e consagrando no conhecimento .

MUDANÇAS NA IGREJA COM O PASSAR DO TEMPO

Hoje , nossas Igrejas passam por constante mudança , com a crise migratória que o mundo sofre , na Europa , são os africanos e demais áreas que migram para Europa , paises mistificados , países em desenvolvimento , com diversas culturas raças e Crenças diversificam as Religiões pelos paises, a fora

.No Brasil temos a Venezuela com sua Crise iminente ,
Um choque de culturas , mas tenho certeza que DEUS
, tem um projeto para todas as nações , áreas que não
eram Evangelizadas agora estão em migração para
paises onde a mais povo de DEUS , e as Leis apoiam a
Religião , onde não é nessesário fazer um culto
escondido numa caverna , ou viver fugindo por estar
pronto para acolher novas Ovelhas , de diversas nações
, sabendo que em tudo a um propósito de DEUS ;
AMOR ,HOSPITALIDADE ,SOLIDARIEDADE,
VOLUNTARIEDADE, COMPAIXÃO ETC.

Estes são , um pouco dos atributos que devemos ter
para abrigar os desabrigados , mas cada um tem um
dom , cada um deve agir segundo o seu dom , a
pessoas que são bons enfermeiros , a outros que já são
médicos Mas á quem não sabe ajudar dessa forma mas
conheçe , outras formas por exemplo documentos , a
pessoas que sabem e trabalha nessa área e podem
ajudar um Imigrante a se legalizar de forma correta ,
O percurso de uma vida é indescritível para um
homem , Mas só DEUS sabe o final de tudo , por isso
não devemos negar o bem , a nenhum ser humano .
Quais situações encontram um desabrigado de outra
nação .Perda , desamparo social , Esperança , cicatriz,
Busca de refugio ,Fome doenças etc . São muitas as
dificuldades da pessoa refugiada em outros países,
alguns viram escravos ; trabalham forçados por muito
pouco ,O dever do povo Cristão é agir , acolher ,
quando somos unidos somos mais fortes. Tudo isso
que falei , lembra de um tema , que seria a estrutura da
Igreja o preparo , espiritual e Fisico , Á pessoas que

acham que cuidar de Igreja e só chegar pregar , orar e cuidar da Vida Espiritual , e pronto . Como me explica as contas para pagar os débitos para administrar? Igreja também requer administração mas não é só do Pastor , mas de pedreiros, eletricistas, secretariado, faxineira e tudo de cuidado em geral do templo e de pessoas , Mas ainda á lugares em desenvolvimento e precisam de apoio e ajuda , Quais formas de contribuir ? Doações e trabalho voluntário. A Igreja é o maior centro de recuperação de pessoas que conheço , e nunca existirá nenhuma instituição maior . Antigamente as pessoas achavam que o ministro deveria possuir agilidade e dominio somente no plano espiritual , mas basta olhar para Bíblia sagrada que você vai encontrar diversas passagens falando de pessoas trabalhando ou em atividade na obra , olha para o começo você vai encontrar noé , líder espiritual daquela família , porem foi ele o construtor da Arca , então ti faço uma pergunta se ele estava em espirito por que não foram os anjos que construíram a arca , isso é que muitos pastores pensam , acham que não precisam trabalhar e ficar esperando cair do céu . A biblia diz que noé construiu a Arca , então você sabe que vai ter momentos na sua vida que você não vai só pregar , mais irá por a mão no arado , e tera que trabalhar também , isso faz parte de todos nós .

O AMOR NA OBRA

O trabalho nos ensina o quanto é valioso trabalhar para o senhor , não tem nada mais gostoso do que depender do fruto do seu proprio trabalho , não é ? Todo Cristão deve ter esse entendimento Mas afinal qual seria o perfil de um pastor , trabalhador eu Creio a palavra que define , mas a Bíblia mostra em Davi que as armaduras vem de DEUS , por isso não tome emprestado aquilo que não é seu , pois poderá dificultar sua caminhada , mesmo que ti ofereçam uma ferramenta que não é sua não pegue devolva . Você já imaginou um motor funcionando com uma peça que não é dele ? Então você sabe que não vai funcionar Há coisas na nossa vida que só a caminhada irá nos ensinar , por que com o tempo vem a experiência . Mas como aprender ? Bom nós devemos conciliar nossos prazeres e nossas vontades , nossas, paixões e nossos desejos da carne e quebra-las vence-las Todos queremos ver milagres , todos queremos ver as curas , todos queremos ver sinais mas o que você acha de vencer a carne as vontades , porque homem que ve milagre é porque acredita no sobrenatural de DEUS , e quem crêr no sobrenatural não esta mais na carne , mas sim no espírito . Pensamentos atitudes vem dele ,Você já vil aquela expressão que diz pensei duas vezes ? Por que do coração saem os pensamentos e intenções que logo se tornam em decisões , e disso vem consequências , bom já pensou nisso quando vem do

espírito é muito bom quando um Cristãos sabe
discernir espiritualmente ,Mas nisso nós sabemos se o
ministro é verdadeiro . Nos dias atuais vemos debates
discussões que não tem nenhum ganho , um bom
ministro não deve se colocar nessa situação de conflito
principalmente por causa dos novos convertidos , ao
verem discussões Mas como deve agir um ministro
quando o erro é de outro ministro qual será o dever de
lidar com essas situações , bom o maior dever é evitar
escândalos pensando nos mais novos , e não torna-los
públicos ao mundo como alguns tem o prazer de fazer
, escândalo não é noticia escândalo e a parte imoral de
um ser humano que deve ser tratada com cuidado ,
pensando nisso , olhe para tantas noticias de
escândalos , imagine como nosso dia seria melhor se
não estivesse tanta sujeira alheia ,De pessoas e seus
pecados .Mas quando falamos em escândalos , como
devemos agir em casos de escândalos do mundo?
Como por exemplo a Corrupção, muitos se
envolveram , mas isso não é aconselhável muita coisa
foi descoberta nesses últimos tempos , mas não
devemos nos contaminar com as coisas desse mundo
.Isso nos leva a estudar a experiência com DEUS , por
que ? muitos que desejam servir na obra , mas não
tem experiência com DEUS , o problema é que se você
não tiver experiência, não terá intimidade e se não
tiver , como irá pregar para as pessoas como irá falar
de alguém que não tem intimidade nenhuma , você
deve ter intimidade com o Senhor , em falar orar dizer
o que sente no intimo no particular , isso te ajudará
muito e transformará sua vida toda , Muitos ouvem a
palavra diz que conheçe a DEUS , mas nega com suas

obras , se não tiver um relacionamento pessoal com DEUS será impossível ser seu ministro na palavra lembre-se de que a salvação é individual , imagine você pregando a salvação , ela também fará parte de você de sua vida , e seus ouvintes conhecerão seu testemunho.

MULHERES SE TORNANDO MINISTRAS

 Bom nos últimos tempos , mulheres tem se tornado pregadoras , mensageiras , como conciliar família e pregação ? Muitos tem como tabu , uma mulher assumir o púlpito , muitos homens não gostam e não aceitam , mas eu acredito que DEUS chamou todos nós, e disse Ide , por todo mundo e pregai o evangelho a toda criatura , mas se a mulher está sujeita ao marido então qual o dever principal? Ter comum acordo com seu esposo , a relação marital não pode ser afetada , a Bíblia e clara quanto a matrimônio ,O que acha disso? Qual seu parecer? Todos nós temos um trabalho fico feliz quando uma mulher quer nos ajudar na obra , no principio também foi assim . Já observou que muitas Igrejas são lotadas de mulheres , moças novas mulheres idosas, a achei lugares com poucos homens , parece que a mulher tem mais desejo de adorar , homem diz que não tem tempo , mas como uma mulher cuida de uma família toda e ainda consegue ser fiel ? E por isso que muitas convenções tem desejado , levantar mulheres como pastoras e isso tem causado, desconforto em alguns . Bom à mudanças que , passamos estamos prosperando e não sabemos o que virá no amanhã , e se vier alguém pra nos ajudar que venha , tudo está nas mãos de DEUS , tudo isso tem um propósito Quando vamos para um evangelismo em praça publica ou nas ruas , nós notamos a diferença entre estar no templo , por isso toda ajuda é bem vinda , o que faz um líder não é seu ego , mas sim sua união , não adianta nada andar bem vestido dentro do templo e esconder a biblia na rua Nós notamos , que quando saimos a evangelizar muitos correm por vergonha ou medo . Por isso devemos ser verdadeiros no viver por que podemos ser provados a qualquer momento ,Olhe abaixo o que encontramos no evangelismo na rua : *alcoólatras * pessoas com vicio em drogas*pessoas de seitas, e outras religiões , do tipo pagãos*rejeição de alguns *prostituição Todo tipo de coisa , mas se você estiver preparado isso será fácil na direção de Deus na palavra ,Mas afinal o que você deve levar além da mensagem , bom como vão te ouvir se tiver com fome , como vão ouvir se tiver com dor , entre outros problemas , na cabeça , bom por isso a Igrejas que levam , assistência ao povo médico, comida, roupas, remédio, todo tipo de apoio social e moral , então estará pronto para ministrar sua mensagem , você precisa , preparar o solo a boa terra o coração esse é o segredo dos grandes evangelistas , mas quer saber o segredo , bom só Deus pode preparar o coração do homem , por melhor que seja o pregador , se Deus não falar , não adiantará o melhor sermão mais bonito bem ilustrado , simplesmente ore antes de sair , antes de pregar fassa uma oração pesa direção a Deus .

FERRAMENTAS DE EVANGELISMO

Cada um tem uma ferramenta , o cantor, o ministro , todos tem formas para trabalhar no evangelho da paz , mas não são só o povo da rua , povo desabrigado que podemos evangelizar , mas também os ricos empresários, administradores , colegas de trabalho por isso na sua área você e melhor , cada um tem uma ferramenta de evangelismo , cada um sabe onde pisa , Não é mesmo ; tem gente que evangeliza com a ciência , provando teorias e mostrando a verdade na prática de tudo como é , mas como falar , bom a verdade é para todos você não precisa mudar a palavra para agradar seu ouvinte , senão perderá sua oportunidade, A também o evangelismo interno onde dentro de casas , empresas , podemos realizar cultos , e trazer a palavra ; Trazer formas desordenadas não é bom porque isso te trará má fama , você deverá respeitar o espaço da pessoa ouvinte ,Se não deseja ouvir entenda , e sempre no final de cada sermão faça o apelo . Mas todo esse trabalho me lembra de uma

coisa , qual a satisfação de um ministro, qual seu
ganho pessoal ? Nunca deve ser isso seu interesse ,
porque você pode se arrepender , o valor da obra é ver
as pessoas salvas e livres , isso sim e precioso são
valores que o dinheiro não paga , Mas você pode me
perguntar por que tantas pessoas recebem por isso ?
Para cantar? Para pregar? Bom a dois pontos
principais , os verdadeiros e os falsos , bom e verdade
que o ministro precisa gastar para viajar sim , mas a
casos que cobram por ganância por querer valores,
nisso á os verdadeiros e os falsos que cobram sem
precisar , mas não cabe a nós julga-los .

QUAL A CONSCIÊNCIA DE UM MINISTRO

bom tudo que você faz passa por sua cabeça mas
quando não fazemos algo correto a nossa consciência ,
avisa pesa , mas a pessoas que por mais que a
consciência pese , não se importa um ministro deve ter
consciência de seus atos , suas escolhas e saber que
escolha fazer , tudo tem consequência , tudo tem seu
fruto , basta uma escolha errada e consciência te
cobrará a vida toda. o aconselhamento faz parte da
vida do ministro , ele deve ter e saber orientar , as
pessoas e sempre terá alguém precisando de um

conselho , isso ocorre muito na família, um ministro deve saber que ser um ministro e ter uma vida publica , as pessoas, vão te procurar em casa no trabalho na rua , onde estiver deverá estar ligado vinte e quatro horas por dia , sete dias por semana , o tempo todo , conheço pastores que receberam visitas até de madrugada , então saiba o compromisso que irá assumir ; muitos acham fácil , mas não é brincadeira, tudo é bem real , tudo é verdadeiro , você pode se preparar para um culto , você pode se preparar para uma reunião você pode se preparar para uma palestra , mas a partir do momento que você assumir uma vida publica , deverá estar pronto o tempo todo , Mas contamos com a fraqueza , nossa mas isso não e motivo , numa Igreja á varios ministros que te ajudarão , apoiando , Mas nunca devemos obrigar uma pessoa a aceitar um trabalho assim pois deverá entender o dever de cuidar das pessoas. Problemas pessoais na vida de um ministro ? O que fazer ? Parar ou continuar ? Deverá dar a mesma atenção , se ficar no cargo , bom a pessoas passando por todo tipo de problema mas mesmo assim continuaram a trabalhar na obra e encontraram na palavra a saida e a alegria de estar em pé a dinâmica dos pregadores, Muitos pregam ensino , outros pregam avivamento , outros gostam da doutrina mostrar os dogmas , tudo é bom mas desde que pregue a palavra , a alguns que prefere cantar antes , fundo musical durante a mensagem , são passos que faz parte do caráter do ministro .

O MINISTRO E O SUBORNO

O líder, ministro e o suborno , o que é suborno , é induzir uma autoridade ou pessoa a fazer augo por você em troca de valor , isso pode ser beneficiar em troca de dinheiro , suborno é visto como propina , aqui no brasil , á quem chame de troca de favores , isso acontece muito e o pior é que desde criança o ser humano tem esse costume , desde uma troca lanche na escola por colar na prova , isso é lamentável o suborno faz parte da infância de muitas crianças e isso aprendem com seus pais , bom porque um ministro seria subornado ? Bom um ministro sabe de muita coisa e pode ter informações que pode desmascarar alguém , até mesmo empresários que preferem ficar em ocuto na Igreja conservando pecado a pecado , mas para piorar subornar o ministro para não ser corrigido isso é um perigo , isso também é encontrado em ministros que se vendem , não pregam mais a verdade o arrependimento , o suborno , proporciona momentos bons , mais depois o final é dor e sofrimento , se for pra começar com tanto sofrimento , depois de construir uma carreira , não convém vender-se para o pecado , fama não livra ninguém do Inferno , fama não proteje família , não adianta ter um nome aqui e não ter o nome no Livro da vida , nunca venda seu ministério , por dinheiro ou por troca de favor , não venda sua boca , sua pregação não troque seu galardão no seu por momentos na terra ,O suborno está em todos os níveis , mais altos mais baicho , irmãos se traindo por nada , trocando vidas pelo luxo pessoal , A religiões inteiras que foram baseadas no bem material basta você olhar o inicio , examinar as escrituras , mas por que falar sobre isso o que devemos fazer , a verdade que um pregador vendido não tem a presença só tem a letra , Homem que não tem Deus , perde o sentido , fica como barco a deriva , sem rumo , Quando você compra um fogão ele é seu , vai fazer sua comida do jeito que você deseja, seja qual for a fome você vai escolher o que come ; mesmo assim é o pregador , quando é comprado vai ter que dar a comida que o dono quiser , e se o dono quiser vai escolher a comida , isso é o perigo , a palavra é alimento que vem de Deus , como você vai se deixar subornar se o alimento vem do Senhor , que acha ? o ministro que vende sua chamada , perde tudo , chamado não é só pregar bonito é viver a Bíblia , vivemos entre atores , que cantam pregam e não vivem não são verdadeiros , o suborno deixa oco , vazio , sem nada por dentro. Quais consequências disso ? A curto praso não parece mas depois é catastrófico , trágico , doa quem doer fale sempre a verdade, seja qual for a oferta qual o valor que ti ofereceram , pule fora não troque tudo por nada , não de a outros os seus dons , muitos são os amigos na hora da fama mas ,com passar do tempo eles se revelam , suas intenções . Qual parte da vida nós corremos mais risco as vezes quando tudo está indo bem por que no deserto a gente está alerta , se preparando , obedecendo, mas quando chegamos na

benção passamos pela prova do suborno , a vida não é
provada apenas no deserto mas na benção também na
riqueza também , Jó foi pego na prova quando tinha
tudo , perdeu filhos riquezas, é nisso que devemos
estar firmes seja qual for a situação seja fiel até a
morte . Qual seria o motivo de alguém oferecer
suborno para um ministro? Medo , vergonha a soberba
e a pessoas que tem problemas em contar a verdade de
se converter , isso acontece, a lideres que são
chantageado , a mudar suas decisões , ameaçados, por
pessoas do mesmo cargo e nível . Mas nem acabe
conseguia parar Elias o tisbita, Profeta ungido que
falou a verdade a respeito dos seus atos de idolatria .
Proteção do Senhor , nós somos guardados por Deus ,
(Salmo 91:1-16) cuide do seu dever e deixa Deus
cuidar de você.

QUAL O DESGASTE DE UM LÍDER

Qual do desgaste de um líder , qual o limite de um

ministro físico , emocional ou psicológico, onde pode chegar a mente de um ministro, parece fácil mas não é , não podemos só lidar com tudo toda pregação toda administração todos os problemas relacionados a pessoas , por isso já fomos separados como casal , sim na maioria das Igrejas são eleitos lideres casados , para não ser só , um mas os dois ,O fato é que a pessoas que tem que ser afastadas por problemas , emocional , por isso devemos entender nossos limites . O ministro e o seu Histórico , quando e onde passamos deixamos marca e digitais atitudes tomadas , a muitos anos marcam o ministério de muitos lideres , por que isso faz parte do seu Histórico , seu passado ficou pra traz mas com certeza sua experiência dirá seu Histórico. Como ministro e bom se preservar de coisas assim por que ficam marcados por um bom tempo , falo de atitudes no liderado que podem não ser tão boa assim , e que trarão no seu Histórico por muito tempo , eu conheço História de pessoas que ficaram marcadas por seu Histórico , atitudes , grandes ministros homens com uma grande pregação , tudo por pequenos momentos que marcaram o caminho de muitos ministros Mas o tempo passa e temos a oportunidade de construir uma nova História É preciso mudar sertas atitudes, mudar condutas , adquirir ética a homens que se marcaram só pelo fato de brigar em publico com a esposa . A sociedade todos que ve você seja dentro ou fora da Igreja , tem em você exemplo , na sociedade atual , como autoridade eclesiástica , Quais são os cinco passos para uma vida social ? *testemunho dentro da Igreja, boa referência dos que são de dentro .*transparência , principalmente nôs Dízimos e nas ofertas , seja sempre transparente conte as pessoas tudo que passa , tudo que vem e que vai , todos os gastos , seja sempre transparente . *Fidelidade conjugal , isso é prioridade num ministro , e indispensável , é fundamental . pagar sempre suas dividas .O ministro e a saúde ; a vida de um ministro é corrida , sempre viajando cuidando da obra , isso é muito bom mas , a muitos que depende do salário pastoral que é dado pelo ministério , isso é bom mas não tem contribuição com FGTS , isso é um perigo por que muitas familias ficam desamparadas , sem aposentadoria o ministro sofre , isso é devemos pensar , na segurança das nossas famílias. Mas pregamos por que temos carros ? Pregamos por que temos casas ? Pregamos por que somos ricos ? Precisamos do dinheiro para pregar? Nós temos um Ide de Cristo , então o que esperar , ledo engano quem confunde riqueza desse mundo com a pregação, o carro pode fazer parte da sua locomoção mas nunca será o motivo de você estar pregando , por incrível que pareça a pessoas que pregam por bens materiais, por bens terrenos , da ai surgem os falsos profetas , falsos doutores , que priorizam os primeiros lugares , e não compreende o verdadeiro valor da mensagem da Cruz ; o que fazemos proibimos ? Não de maneira nenhuma , isso não é para nós devemos deixar , até o tempo do juizo , por que alguns chegam a se converter , Mas quais são então as áreas de pregação que temos ? qual será o campo de um ministro ? por que a maioria deles começão nas ruas nas praças quando não tem um nome , mas depois de conhecidos ministram em grandes templos , isso é bom mas , não devemos perder nossas origens, passado se foi mas a experiência fica para nós, eu acredito que tudo é crescimento na nossa vida ; mas á pontos difíceis de entender que só o tempo trará a resposta , rumos que você tomou que mudaram , mas tudo isso faz parte da nossa história, aquilo que você pode entender você usará , mas o tempo te trará novos rumos , bom tudo é manter adiante a nossa Fé , é por isso que todos precisamos ter metas , objetivos , alvos e rumo tudo isso é a mesma coisa , bom o que é meta , e o limite que você deseja atingir numa determinada situação ou função , produção , quando você trabalha com metas, você sabe onde quer chegar, bom homens que começaram trabalhando dentro de ônibus hoje são grandes influenciadores, pessoas que começaram do zero hoje são líder de nações , afinal todos começamos do zero por que nascemos sem roupas , afinal sem nada ainda , não falando não andando , não sabendo , mas desenvolvemos , todos somos iguais , todos nascemos assim, mas qual segredo? Por que alguns chegam mais longe , por que consegue quebrar tantos limites?a resposta é simples , nós aprendemos a vida toda , crescemos aprendendo , aprendemos a andar , falar , ler etc. Mas o que acontece com algumas pessoas bom o segredo é bem claro , eles nunca pararão de aprender sempre ouvindo sempre aprendendo , sempre fazendo escolhas , isso sim é fundamental Use uma meta a partir de hoje e você verá que suas conquistas irá mudar , Objetivo é fazer da meta uma regra , um mas sem você tiver dificuldades use os olhos da

Fé

FÉ EDUCAÇÃO CRISTÃ NA VIDA DOS FILHOS

Ensino bíblico é fundamental , para todos nós mas e para nossos filhos que ainda não compreende , as coisas desse mundo , o bom é crescer aprendendo a Bíblia por que com o passar dos tempos com o crescimento da criança a palavra fica no coração e no entendimento ,Mas qual é a fase que devemos ensinar nossos filhos na Educação Cristã não é secular , como as outras , mas sim ensina tudo aquilo que numa escola comum não se fala .Na nossa casa somos educadores,A crianças que vivem no convivio de seus pais Cristão, o problema é quando os pais se preocupa tando com cuidar dos negócios da Igreja e esque que os filhos também precisão, conhecer a palavra.O convivio de um ministro com seus filhos trará a eles a Importância de seu cargo na obra, seus filhos fazem parte do seu chamado do seu ministério (salmo 128 1-6) . principalmente quando entra em sua casa pessoas que tem mal constume , bom imagine seus filhos acompanhado os filhos do mundo é obvio que vão se acostumar com as coisas de lá Você já percebeu quando uma criança começa ir a escola e conviver com outras crianças de diferentes educações ? Eles voltam falando pavras que você nunca vil , palavras de ofensa , aprende a brigar a criança que muda tanto que perde o sentido familia que tinha antes . Você não pode só controlar o mal , da rua , você não pode controlar o mal do mundo todo , mas na sua casa quem manda é você , assim você tem a obrigação de controlar o que entra e sai .

CAPÍTULO 3

(crescimento de um ministro)

MINISTRO E A OLARIA

O barro começa sem forma , o ministro também mas
Quando um ministro é provado e desse a casa do
Oleiro , isso é ele aprendendo a lidar com o degrau do
seu chamado, todo ministro , pregador e orador que
passa ou passou por essa fase , quais escolhas seguir
qual decisão tomar , é que muitos que desce a casa do
oleiro tem que abrir mão de alguma coisa , então falar
em descer não é fácil , mas é melhor na Olaria com
Deus , do que no mundo sem Deus Todo tempo de
provação passa tudo tem sua fase .Observar é a chave ,
as vezes não aprendemos na prática mas observamos
quem sabe , muitos lideres tem muito a oferecer , basta
saber observar e aprender novas lições , tudo tem um
ponto de vista , a Águia tem um do alto vê a terra ,
mas o lebre tem outra visão olha de baixo para cima ,
que isso ? o que significa ? que pessoas também tem
pontos de vista diferentes na mesma situação, exemplo
: se você parar pra pensar no mal que ti fazem não terá
ganho , mas se você pensar no bem que você pode
fazer , você mudará tudo até sua história pode mudar ,
depende do seu ponto de vista , se otimista ou
pessimista.A confiança faz parte da conquista de uma
pessoa mas como conquistar , bom as pessoas na
verdade querem alguém que seja confiável o tempo
todo , já observou quantas pessoas corre de uma Igreja
para outra , então seja qual for o problema elas fogem ,

isso levará a confiança a um nível baixo , as pessoas querem líderes perfeitos com características angelicais , perfeição facial , perfeição verbal , somos monitorados o tempo todo , já vi história de pastores que foram trocados só por que pregava com a mão no bolso . Mas o que fazer ? Seja verdadeiro seja você mesmo , não perca o foco porque muitas coisas vem pra nos tirar o rumo , mas por que , nem sempre o problema é com você mas será posto como maior culpado , você já vil a história do ex-presidente Lula , você acha mesmo que ele tem toda culpa , mas serve de bode expiatório .

MINISTRO ASTUTO

Quando nós vemos um pastor cuidando de um rebanho de ovelhas , nós vemos suas características , não tira os olhos do rebanho , não dorme quando vigia as ovelhas , é esperto astuto , tem a mansidão de pomba , mas é astuto como a serpente , então como seria um gráfico de um pastor? Como você descreveria um pastor ? Um pastor verdadeiro quando vem o lobo ele não foge, e uma das coisas mais marcantes é que as ovelhas conhece sua voz , Isso responde uma pergunta , por que tanta gente quer pastorear mas são poucos os fieis, que ficam firme na promessa , por que não é qualquer um , um pastor não pode ser alguém adormecido, não pode ser alguém sem vontade pois terá que estar no campo todos os dias . Pastorear não é para covarde , nem para medroso; por isso muitos não confia em Jovens pastores , por que um erro pode ser fatal , o lado mais nobre de um pastor é quando ele prepara outro , ensina seu aluno , muitos homens escolhidos na Bíblia Sagrada você nota que eles possuem uma coragem fora do comum , eles enfrentam gigantes, Reiz , nações , povos e tribos sem pensar , na fornalha ou na cova dos Leões, e você qual sua coragem , os homens escolhidos tem em comum a coragem ,sem coragem você não enfrenta as adversidades , ter coragem e muito importante não adianta ter atitúde no começo mas não ter firmeza para continuar , a coisas na vida de um pastor que vem pra tentar por medo , pavor , mas isso faz parte da vida de um pastor . O erro de muitos aventureiros é pensar no púlpto como lugar de receber aplausos e contar suas vitórias , de la também você resolverá problemas na palavra , então coragem , faz parte, ministério não é para medroso , Andar na contra mão do mundo faz alguns pensar que está agindo errado , mas no final você verá sua recompensa , na vida temos o dever de não sair por ai concordando com tudo. A pastor pentecostal a pastor que só da ensino , á pastores que trabalha mais na area do louvor , mas todos são de Deus. Então você pode ter um chamado especial , não tem que ser igual ao mundo para agradar o mundo , mas você tem que ser você e agradar a Deus .

O MINISTRO E A CURA

Muitos tem o dom , sim na palavra , na oração , mas
na cura todos podem clamar pela cura , mas nós vemos
que o dom da cura não veio para todos , mas o da
palavra veio e é fundamental, qual significado? Você
pode não ser usado para curar a carne mas Deus pode
te usar para cura a alma de pessoas com suas
mensagens , então, à pessoas doentes também na alma
, você pode não ver a cura da carne mas a palavra
também cura nossa alma , lembro-me de quando
cheguei na Igreja, meu corpo estava saudável , mas
minha alma estava , muito ferida , e a palavra de Deus
me curou. Sempre é bom pedir os dons espirituais ,
sim continue .No passar dos anos , com o caminhar do
povo de Deus , surgiu Os primeiros templos
construções , os apóstolos que dormião em casas ,
quartos cultuavam a Deus nas casas lares de famílias
libertas do pecado e da escravidão, em todo lugar se
era pregada a palavra , nas ruas , nas portas das
cidades eram realizadas curas , a Profetas que
apregoavam cidades inteiras , Mas como então surgiu
os primeiros templos , feitos por mão dos homens , por
que o mais lembrado templo é o de Salomão ; Mas
com o crescimento do povo e passada a fase dos

mártires , começa então as construções dos templos e vemos nos dias atuais , muitos talvez milhares, mas a primeira verdade é , os apóstolos , começaram nas ruas , casas , portas de cidade , e tudo mais , ou seja não foi nos templos que começaram a pregação , do evangelho sem contar o de Jerusalém , mas o Ide de Cristo foi para o mundo , então a verdade é o evangelismo veio primeiro , os templos depois , que isso? Quer ser ministro , evangelismo é a chave , hoje em dia o templo e o motivo de se pregar , se não tem templo não quer pregar , mas isso não é assim , nunca foi ; a pregação começa nas ruas , não só na palavra mas no testemunho . O problema que surgiu novos pregadores que só conhece o templo mas não conhece as ruas , as casas , resultado , falta de experiência, falta de tudo , pastores assim não tem coragem para buscar uma ovelha desgarrada , por que foram criados no templo , Samuel cresceu no templo mas Davi no campo, Samuel ungil , Davi venceu gigante e Reinou , Davi era Pastor de ovelhas lutou contra leão e Urso , então quando seu chamado for campo vá e não fuja , campo é lugar de pastor , mas por fim e Samuel que creceu no templo? Bom Samuel tinha um segredo ele creceu no templo mas ele não servia o templo ele servia o Deus dono do templo, isso faz toda a diferença por que os filhos de Eli , hofni e fineias , conhecia o templo mas não conhecia o Deus que lá era adorado. Quantas expressões de berço temos? berço de ouro , aquele que a pessoa nasce em familia Rica e pode desfrutar de uma vida boua cheia de presentes , mas sem o saber , da Palavra , nós podemos não ter nascido em berço de ouro mas nascemos em berço evangélico , aprendendo

a palavra e comendo biblia , berço esplêndido , e a forma cantada no hino nacional , bom o nome já diz tudo berço esplêndido , a formas de marcar o inicio de alguém que tem boa referência , bom já que berço fala de Inicio, vamos lembrar do berço evangélico , sim esse é conhecido ,mas pouco vivido , muitos nasceram sim nesse berço mas fazem a cama , no mundo .
quando uma pessoa nasce em berço evangélico , ela cresce com os ensinos Cristãos , com a família Cristã , os ensinos de berço são fundamentais para vida toda , por que a criança nesse tempo ainda está, conhecendo tudo , nessa fase a criança está , colhendo informações , que farão parte da sua consciência .A dois tipos de Berço evangélico o primeiro : O Berço simbólico , ou simplesmente nasceu numa familia evangélica, esse berço é usado como arma por muitas pessoas para justificar seus atos , suas opniões , se chamar mais digno , o berço simbólico e aquele que so tem sentido de titulo , mas é preciso por em prática tudo que aprendemos.O Segundo : O berço, é aquele que fala sobre seu ensino , que seu aprendizado de berço foi a palavra por isso berço evangélico, quando desde criança somos preparados na palavra , cuidados na palavra, isso muda tudo , a pastores que desde criança já liam a Bíblia , isso é fundamental , e muda muitos, até mesmo quando uma pessoa vai para escola já tem um fundamento principal , na palavra . Quantas fases tem a lua ? Varias , quantas estações tem num ano ? Varias , quantas fases tem o dia ? Varias ; é a mesma lua é o mesmo ano , é no mesmo dia , ou seja tudo tem sua fase até nós , a mesma pessoa , somos criança, somos adolescentes , somos adultos , somos idosos ,

tudo isso é fase , mas o que torna tudo bom é a forma que começa e termina tudo, o começo também é fundamental ainda que a pessoa se afaste um tempo , mas aquela essência ainda está , na pessoa . Já imaginou passar o ano todo e no final lembrar que você passo todas as fases do ano , verão , outono , inverno , primavera. Mas o bom não é estar no começo mas sim por toda vida no berço que nasceu , dormir salvo.

Como , pessoas no anonimato se tornaram fenômenos pentecostais, a pregadores por todo lado , a todo tipo de pregadores , novos , crianças , velhos , todo tipo a de pregadores , mas como se tornar um fenômeno pentecostal , será a palavra , será a teologia , não é que alguns além de buscar na palavra no estudo , buscam em espirito , e em verdade esses pregadores tem em comum , buscam a presença , isso é são pentecostais , todo pastor tem seu tempo para ganhar nome , mas , a Unção vem de JESUS , então o plano espiritual conta , muitos deles ora oito horas por dia , buscam no jejum por longos dias , não da pra ser Fenômeno das pregações , se não tiver mantimento suficiênte para chegar lá , estamos falando de vida espiritual , as vezes a pessoas procuram no estudo , o que so acha no joelho e na oração , muitas pregações podem ser diferentes especiais , mas a busca não são nôs livros de teologia mas sim Do Céu .

CULTO

 A pessoas que vão as Igrejas , e não sabem o que é cultuar, prestar Adoração a Deus , bom tem pessoas que tem suas queixas sobre o culto , ou não gostou de alguma coisa , mas não sabem que culto é prestado a Deus , e não a homem nenhum , culto é Adorar a Deus. Antigamente ou até nos dias atuais as pessoas cultivam a deuses estranhos , faziam sacrifícios humanos , de comidas , e formas estranhas , bom o mundo sabe o que é cultuar o problema é que cultuam deuses estranhos de culturas pagãs , fatos nos povos mostram , que o paganismo levol civilizações inteiras ao fracasso total; nações Inteiras se perderam com a cultura do paganismo. Mas ainda á um Povo Que Adora ao Deus Verdadeiro, e Único , Nós Evangélicos Cristãos temos nossa liturgia no culto , que começa com : Louvor da Harpa Cristã, Leitura oficial da palavra , louvor com conjuntos , circulo de oração, grupo de jovens , grupo de varões, Grupo de Crianças, passa para as saudações , testemunhos (quando tem oportunidade). Mas Louvor (quando tem oportunidade).colhe os Dízimos e Ofertas , acompanhado com Louvor em seguida a oração e palavra Final (com apelo , a se converter a Cristo , quando á novos visitantes que não são Cristãos no Brasil , em todo mundo o povo santo tem uma forma especial de Adorar a Deus , A lugares que também é praticado Culto a Deus, nos Lares, nas chacaras, e fazendas, propriedades longe da Igreja, muito é falado sobre o Culto com a Família, isso é fundamental traser para seu Lar a importância de Adorar, a Deus , o Unico e Verdadeiro. Temos dois pontos do Culto do lar , é que ele é seguido , pelo Culto na Igreja , a pessoas , que trocam a Igreja pela casa , ou até mesmo na tv , onde acompanha os cultos , isso é um perigo , Ovelha tem que estar diante de Seu Pastor , para ser alimentada , até mesmo orientada corrigida , nós não podemos deixar a correção de Deus.

CERIMÔNIA : MATRIMÔNIO

O Casamento , a igreja é procurada quando se fala em casamento , pois a família é constituição de Deus . Mas o que mudou hoje em dia ? bom tem que ser casado no civil , no cartório pois também é cumprimento da lei dos homens , O casamento entre homen e mulher é muito lindo por isso é uma das coisas mais lembradas quando se fala em igreja ,São princípios dados por Jesus , até mesmo os obreiros são na maioria casados .

BATISMO NAS ÁGUAS :você se lembra de João Batista , quando batizou Jesus nas águas ? Então o Cristão que deseja entrar em comunhão com a igreja vão ao batismo nas águas .

CONSAGRAÇÃO DE OBREIRO : é uma cerimônia muito linda , quem passa por ela é separado a trabalhar na igreja , servir na obra que são divididas

em partes , e organizados conforme suas vocações
.

A vóz do povo não é a vóz de Deus , cuidado porque
isso é usado em muitos discursos , por politicos ,
pessoas relacionadas ao pais líderes, mas estão
equivocados , A vóz do povo era muito ouvida em
tribunais antigos , em punições publicas , onde vinha
do povo a acusação ou até mesmo a sentença, lembre-
se que foi o povo que Gritou Crucifica , a Cristo ,
então assim fizeram lavando a mão e pondo sobre o
povo a culpa. Basta você ler nas escrituras que irá
notar que o povo é levado por muitos ventos ,
Idolatrias , coisas sem fundamento nenhum , por isso
tinha , e tem até hoje líderes, Pastores , doutores, para
buscar pelo povo , Isso é importante porque nem
sempre o que a maioria quer está certo , por isso terão
em você a resposta certa , por isso você nunca pode se
basear em tudo que falam sempre escute as duas partes
, os dois lados as duas versões, mesmo você tendo
tudo vá buscar direção . O ministro tem que saber lidar
com isso , porque estará como alvo por sua resposta ao
povo.O problema é que o titulo não cuida do povo , a
credencial também não , você pode chegar lá com ela ,
sim , mas seu verdadeiro caráter dirá se você vai ficar
lá , nunca se Iluda , não somos os unicos nas nossas
funções outros ministros tem sido formados e estão
ocupando o lugar de seus Pastores , isso é lindo

queremos pregar como muitos grandes , mas devemos respeitar nossas mensagens , por que seu fruto , é seu chamado seja você mesmo .Porque você nunca irá chegar ao longe sendo outra pessoa, você deve saber que você tem sim suas qualidades seus atributos , coisas que te fazem chegar além do seu limite pessoal. Temos exemplos sim, e grandes , mas só atribuirão experiência a você; as pessoas precisão de pregadores Originais , verdadeiros, não pense em agradar o povo , mas faça a vontade daquele que te chamou. O que fazer com as marcas , o que fazer com as lembranças , marca dos açoites , que sofremos na caminhada , no chamado anonimato escondidos , bom muitos Pastores trazem essas marcas , do seu passado , mas o valor é que seu legado será deixado entre seus irmãos , a maioria , ou todos já sofreram açoites da vida , mesmo com palavras por que palavras doem mais do que pancadas em certas situação, tudo tem um motivo e por tudo tem seu propósito .As marcas de um ministro deve ser acompanhadas com o perdão , por que só o perdão te deixará seguir adiante , a fatos marcantes em nossas vidas , a pessoas que nos respeitarão pelo que temos e não pelo que somos , quando nos apresentam só com o nome temos uma forma de recepção até mesmo o último lugar é dado , mas quando falamos quem somos nos dão tudo , não devia ser assim , fazer acepção de pessoas é Crime. A hospitalidade e o remédio para todos nós, o amor para com os fracos e doentes , deve ser peça chave em seu ministério , se não tiver amor não irá muito longe

.

ORAR NO MONTE

Acredito que todo Cristão deva experimentar , o que é subir a orar no Monte , bom no Brasil á muitos lugares de retiro social , mas no retiro cuidamos das pessoas e no monte da vida espiritual, é uma experiência única , forte , que nós tras alegrias , respostas , muitas são encontradas no monte , subir ao monte não vem de nós , mas de todo inicio vemos Adoradores subindo ao monte para Sacrificar , ali . Quem sobe ao monte deve estar pronto , monte é lugar de revelações muito forte , muito linda , mas para tudo tem um tempo , você deve ir com quem você conheçe, pois estará num lugar retirado do mundo e de todos , bom falei sobre culto em família, agora para os mais maduros , recomendo o monte , uma boa Oração , é tudo que o Brasileiro precisa. fazer escolhas suba o monte,Vai assumir ministério suba o monte, todos que conhecem nunca querem deixar e se deixam fica saldades .Por que quando fazemos algo que paga preço muitos que são falsos não ficam , por isso torna tudo limpo, sabe porque tanto milagre na Igreja perseguida? Por que só os verdadeiros queriam estar lá.

PALAVRAS TORPE

vocabulário profano gírias , palavras de baixo calão, discurso de Ódio , Agressão verbal Tudo isso , e mais um pouco , no mundo por um erro ao falar ,você pode perder o emprego dos sonhos , por um erro ao falar você pode ser preso , a muito mais coisas que se perdem por não saber se comunicar até mesmo num namoro, então o porque usar esse tipo de coisa nas pregações? Tem pessoas que acha bonito fazer isso , muitos perderam cargos extraordinários por causa de brincadeiras com palavras , de nível baixo , um homem justo tem as marcas da Luz , que serão as palavras santas saídas da sua boca . em grupos formados , primeiro grupos de gestos , que acompanha o louvor com gestos ,esse grupo geralmente é feito por mulheres, Grupo de teatro que traga uma narrativa bíblica , trazendo uma mensagem , que fale de modo geral pois trata da área social, nas grandes cidades a muitos

QUANDO NASCE UM LÍDER?

Um líder não nasce por acaso , um Líder só nasce quando á um problema , uma nação e um povo sem direção , onde a situações difíceis nasce um lider, você ja vil quando ocorre uma catástrofe natural , e surgem tantos lideres , ajudando o povo com a direção a ser tomada , ajudando a arrecadar alimento roupas , um líder pode surgir numa situação difícil em coisas extremas , todos nós ja vimos um líder na TV , mas líder não são só os da TV , ele pode ter recebido Cargo de um líder mas não ser um lider , tem diferença entre TER e SER, ter é ganhar um lugar , um titulo , uma posição de líder , agora Ser e diferente você pode ser líder sem cargo , basta tomar uma decisão em momentos de Crise , Ser é saber agir sem ter cargo publico , Ser é Saber , Todos nós temos exemplos de Líderes, em nossa vida , seus pais , seus avós são seus líderes, sua professora é sua líder, seu gerente no trabalho é seu líder , mas como eu te disse TER não é SER , um líder não nasce numa faculdade , ela só faz parte da formação de um líder , a escola prepara a parte teórica , mas o liderado te trás a prática, a experiência. pessoas que quando Criança tomaram atitudes e ajudaram em tarefas do dia a dia , são chamadas de Crianças Gênios , por tomarem atitudes, fazer escolhas certas, tomar rumo em situações que outras crianças ,não faria, mas como identificar um líder , simples ele sempre toma atitude enquanto os outros ficam olhando , parados. Um líder tem amor , um líder tem instinto de proteção e alguns são capazes de se Sacrificar , a ajudar ,os outros , a lideres anônimos , a líderes , populares, os populares , são os que naturalmente são mais reconhecidos , as vezes os politicos fazem parte disso , quais tipos a de líderes, um pai de família e um líder , uma mãe que cuida de seus filhos só , e uma líder .Bom nunca foi fácil , liderar , muitos lideres já morreram por tomar atitudes pelo povo Na história da humanidade vemos isso claramente , mas a fatos que nós mostrão as consequências de um mal líder , veja os Imperadores Romanos por exemplo .Muitas tragédias poderiam ser evitadas , por uma palavra de um líder , então vemos que líder pode pagar um preço Uma coisa que os Grandes lideres tem em comum é que eles, nunca pararam , sempre continuaram seus negócios , seguiram a diante, empresários que começaram , do zero, e hoje são milionários, ricos , sabe o segredo não pararão mesmo que o negócio fosse pequeno continuarão , um Líder e sempre uma pessoa com uma capacidade de remar até quando os outros param, na dor continuará, a muitos que mesmo sem resultados continuaram remando , e chegaram ao nível máximo .Ser líder não é fazer as pessoas seguir você , nem obriga-las , muitos lutaram obrigando as pessoas escravizando , seus filhos irmãos , terra , povo , um líder é seguido por SER e não por TER , esse e o principal segredo , não adianta conseguir o cargo e não Ser líder . A experiência de um líder não vem só do sucesso mas vem do fracasso e sucesso so vem depois ; Muitos encaram liderar e não sabe que terão uma vida mais publica terão que sair da caverna , isso é importante é fundamental , timidez não faz parte de líder, preguiça também não , seus liderados seguirão seu exemplo , se você for preguiçoso parado, eles também serão preguiçosos , tudo isso marca , a pessoas marcadas com cicatrizes que foram feitas pelo lider TER , e por muito tempo não consegue , esquecer e por isso todo líder que se aproxima é logo rejeitado, todos os dogmas , toda lei , tudo precisa ser bem administrados , só um líder de nível SER .Quais qualidades encontradas num líder de nivel SER, a primeira qualidade de um líder é : *SER HUMANO*SER HUMILDE*SER HONESTO*SER JUSTO *SER OBEDIENTE a muitas coisas que podem definir um líder desse nível , mas poucas delas foram ditas , a verdade de tudo é que todos passamos pelas duas fazes SER e TER de um líder Não adiantará , se arrepender em ter perdido a oportunidade ; SER vem primeiro que TER então se prepare para o liderado , se prepare para liderar o povo , Muitos líderes levam muito tempo para chegar ao liderado , ser líder não é brincar de mandar , isso é um risco muito grande . Quais níveis de cargo existem , Cargo publico, cardo civil , cargo em instituições , cargo em Igrejas , cargo em empresas, todos tem seu sentido Líder voluntário : esse não recebe pelo trabalho que é de Caráter voluntário , as vezes é ocupado por pessoas famosas ou pessoas que já tem trabalho ou uma empresa , as vezes , um simples morador do mesmo bairro pode se tornar voluntário, esse cargo geralmente é ocupado por líderes de nível SER com salário :Esse é o típico profissional, formado em faculdade , estudado com certeza disputou uma vaga , mas em contra partida , os líderes de nivel TER vem em cargos assim com salário remunerado, esse tipo de cargo de líder não deve ser visto como um simples emprego mas como uma grande responsabilidade. Líder com História , Líder com legado , líder com nome quando é chamado, e bem recebido , pois seu legado vai a frente , sua fama , mas nada pode atrapalhar a qualidade de seu liderado, a muitos lideres bons Mas não são conhecidos não tem nome ainda , todo o dever dos grandes lideres é apresentar seus liderados , seus alunos , e levar adiante seu Legado , A dois tipos de lideres fundamentais , o primeiro é aquele líder público , aquele lidera diretamente , e vai a diante do povo e sempre está perto de seus liderados , são muito populares, são bastante famosos .O outro líder é igual ao governo , como cuida de uma região muito Grande , ele tem seus prefeitos , vereadores, ou se você é um líder distante que precisa de mais de um para administrar , a varias funções a se destacar as publicas como saude escola , Como você pode ser um líder na sua casa , primeiro tome atitudes pelos seus familiares , ajude quando for preciso , o seu exemplo também conta muito , líder não manda líder cuida , líder ajuda , líder acompanha , líder aconselha e ouve conselho liderar está longe de mandar e obedecer , vai além de mandar, vai além de obrigar as pessoas a te seguirem , quando as pessoas seguem um líder não é por que ele manda , mas é porque ele tras soluções de problemas , é capaz de resolver as coisas , à lideres que são grandes construtores, todo líder precisa de uma ferramenta para liderar , todo líder tem sua ferramenta você só pode liderar uma área quando a domina bem , um médico clinico geral , é líder porque ele domina varias áreas , por exemplo , Você deve ter uma chave uma ferramenta, conhecimento , é fundamental , por esse motivo lideres acabam seus liderados ou melhores ou piores , conhecimento e a chave nota um homem quando é pai pela primeira , vez então esse é o começo de um liderado , com seus filhos , terá que cuidar de suas normas , tera metas , o problema é que muitos pais , não pensam assim , é por isso que á muitas mães solteiras , e avôs criando netos , como se fossem filhos .°

° CONCLUSÃO

Seja qual for os traços que uma família tiver , sempre em todo tempo será Deus o nosso Senhor e Salvador em todo tempo , passam os dias vão-se os tempos , vão-se os líderes mas Deus sempre estará com aqueles que o amam e obedecem a sua palavra , sabemos que a família enfrentou e enfrentará novos desafios mas quando Jesus está no barco não á família que se perca . Estamos aprendendo e continuaremos aprendendo a família e a Igreja são constituição Divina .

85

Escrito por : Leandro job ozanique

9 781692 836405